国网宁夏电力有限公司
STATE GRID NINGXIA ELECTRIC POWER CO.LTD

电网企业
现代设备管理体系创新与实践

国网宁夏电力有限公司　编

内容提要

本书介绍了国网宁夏电力创新提出的"两制两军事"现代设备管理体系，将"准军事化"的管理理念全面融入到电网设备运维和应急保障工作中，准确把握电网运维管理发展方向和工作重点，让管理者一目了然，让基层班组可学习可借鉴，具有很强的操作性。

本书对各级管理人员和一线员工从事电网运检管理、提升应急保障能力具有积极指导作用，也可为系统内兄弟单位提供参考借鉴。

图书在版编目（CIP）数据

电网企业现代设备管理体系创新与实践 / 国网宁夏电力有限公司编．—北京：中国电力出版社，2023.9

ISBN 978-7-5198-7839-9

Ⅰ．①电… Ⅱ．①国… Ⅲ．①电力工业－工业企业管理－设备管理－研究－中国 Ⅳ．① F426.61

中国国家版本馆 CIP 数据核字 (2023) 第 084587 号

出版发行：中国电力出版社
地　　址：北京市东城区北京站西街 19 号（邮政编码 100005）
网　　址：http://www.cepp.sgcc.com.cn
责任编辑：马　丹（010-63412725）　柳　璐
责任校对：黄　蓓　马　宁
装帧设计：郝晓燕
责任印制：钱兴根

印　刷：北京九天鸿程印刷有限责任公司
版　次：2023 年 9 月第一版
印　次：2023 年 9 月北京第一次印刷
开　本：787 毫米 ×1092 毫米　16 开本
印　张：7
字　数：152 千字
定　价：52.00 元

编委会

编写组

序言

2022 年 4 月，习近平总书记在主持召开中央财经委员会第十一次会议时强调，“基础设施是经济社会发展的重要支撑，要统筹发展和安全，优化基础设施布局、结构、功能和发展模式，构建现代化基础设施体系，为全面建设社会主义现代化国家打下坚实基础”。国家电网公司是关系国家能源安全和国民经济命脉的特大型国有重点骨干企业，承担着重要的政治责任、经济责任和社会责任，电力系统的完善和现代化管理，更关系到国计民生，以及“双碳目标”等国家战略目标的实现。当前，我国进入高质量发展新阶段。经济社会的高质量发展及人民对美好生活的向往，对电力安全可靠供应提出了更高要求。随着新型电力系统建设步入快车道，国资国企改革纵深推进，世界一流企业加快建设，国家电网设备管理面临着新的机遇和挑战。设备作为大电网安全的第一道防线，是电网安全稳定运行和电力可靠供应的重要基础和保障，做好设备管理工作对电网企业来说，使命光荣、意义重大、责无旁贷。

国网宁夏电力有限公司（简称国网宁夏电力）深刻领会、准确把握，全力践行现代设备管理体系建设核心要义，聚焦实物和价值“两个运动”，实施设备实物价值综合管理，不仅成功消除一大批缺陷隐患，高效应对各类灾害影响，圆满完成各类保电任务，守住了大电网安全和民生用电底线，各项工作成效显著，设备运行绩效和关键指标持续向好。更在突出主责主业、高效构建

新型电力系统，促进提质升级，推动高质量发展等方面，为党和人民交出了作为中央企业的国之大者担当。

当前，设备管理已经进入“无人区”，构建成熟的理论体系和实践经验，既需要企业爬坡过坎、负重前行，更要主动分享、学习借鉴、继承发展。本书详细介绍了国网宁夏电力立足全局视角，坚持创新驱动，利用专业优势，将“准军事化”的管理理念全面融入到电网设备运维和应急保障工作中，探索总结出的具有宁夏特色的“两制两军事”现代设备管理体系的具体实践路径。我们希望在总结经验成果，指导宁夏电力内部设备管理工作朝现代化迈进的同时，能够对各兄弟单位、电力行业企业，甚至是更广泛的相关企业提供现代设备管理体系建设经验借鉴。

征途未有穷期！当前国际形势复杂难测，改革发展任务繁多艰巨，迈上新征程，面对新考验，国网宁夏电力将强化全过程技术监督和资产全寿命管理，推动生产组织模式和作业模式变革，深化设备精益管理，在探索完善“两制两军事”现代设备管理体系的路上勇毅前行，以新担当新作为推动设备管理再上新台阶，为国家电网公司加快建设具有中国特色国际领先的能源互联网企业，为全面建设社会主义现代化国家作出新的更大贡献。

国网宁夏电力有限公司总经理　陈红军

2023 年 7 月

前言

随着新型电力系统和新能源消纳体系的构建，新能源大规模集中并网和分布式电源高比例接入带来电源结构性变化，电网“双高、双峰”特征日益凸显，电力电子装备、电缆、GIS 设备等大量接入系统，给电网设备安全运行和可靠供电带来新的考验。同时，新设备存在不稳定，老旧设备基数大、隐患多，给设备运维保障带来更加严峻的挑战。基于此，推动设备管理从专业管理向全员管理转变，从维修管理向健康管理转变，从设备管理向资产管理转变，保障安全发展、转型发展和可持续发展，成为国网宁夏电力的重要任务。

为加强大电网安全防护能力，完善立体安全防御体系，提高电网弹性韧性，国网宁夏电力首次提出“两制两军事”核心构思，推进“设备主人制、全科医生制”和“运维准军事、应急准军事”，进一步丰富大电网安全管理内涵。国网宁夏电力制定“一总四承”的“两制两军事”建设总体思路，提出“四个坚持”基本原则，使得国网宁夏超高压公司电网管理更加贴近设备、贴近生产、贴近一线，守护大电网安全这条“生命线”，践行国家能源安全战略，有力保证民生和公共服务行业用电，同时形成“无人值守 + 集中监控”“无人机 + 巡检机器人”的立体巡检模式，智能运检体系迈上新台阶，有效缓解人员紧张矛盾。

实践是检验真理的唯一标准。“两制两军事”的管理创新独特之处，就在于其实践性和所取得的明显成效。国网宁夏电力通过知与行的统一、理论与实践的有机结合，编制本书。本书准确把握电网运维管理发展方向和工作重点，包括了输电、变电两大系统，涵盖了设备运维、检修、检测、继电保护等不同专业，从省公司、地市公司、一线班组三个层次进行系统分析，让管理者一目了然，让基层班组可学习可借鉴，具有很强的操作性，对各级管理人员和一线员工从事电网运检管理、提升应急保障能力具有积极指导作用，也可为系统内兄弟单位提供参考借鉴。

同时，国网宁夏电力也认识到，只有不断学习、探索和进步，才能更好地应对新挑战、实现高质量发展。在未来的工作中，国网宁夏电力将不断改进和完善设备管理，为实现国家能源安全战略和高质量发展贡献力量。

目录

>>> 大事记

淬火砺剑 秉承初心

2021 年 2 月 25 日

国网宁夏电力关于印发《推进变电（直流）设备主人制运维准军事工作方案》的通知（宁电设备〔2021〕119），编制了管理实施细则，通过准军事化管理推动变电（直流）运维队伍建设，增强运维人员当好“设备主人”的责任意识，保障设备主人制落地见效，提高运维工作管理水平，推动现代设备管理体系落地见效，保障电网设备安全运行。

2020 年 10 月 10 日

国家电网有限公司设备部下发《国家电网有限公司变电设备主人制实施指导细则》，明确了“贴紧设备、落实责任、精益运维、强化保障”的工作思路，提出 119 项综合业务，提高运维人员“设备主人”意识和设备管理能力，培养高水平“全科医生”，打造生产业务“核心队伍”，实现变电设备全寿命周期精益管理，有力保障电网安全稳定运行和电力可靠供应的建设目标。

2021 年 3 月 3 日

根据《国网设备部 2021 年国家电网有限公司变电运维青年员工（入职 2~4 年）技能轮训实施方案》，开始国网 5000 名（宁夏公司 117 名）入职 2~4 年青年运维人员培训，8 名学员获得“优秀学员”称号，总体成绩位居西北第一，国家电网前十。

2021 年 3 月 5 日

各地市公司（超高压公司）完成各变电站设备主人指定，全面开展变电运维全科医生油气检测等 119 项内容培训、考核、实施，提升设备主人意识和履职能力。

2021年4月1日

各单位全面推广实施运维一体化项目，各单位在已全面开展的81项变电运维一体化业务的基础上，对16项部分单位已开展，以及12项可操作性强、仅需简单仪器的运维一体化项目进行推广。

2021年3月24日

国网宁夏电力设备管理部完成公司级柔性专家团队组建。

2021年3月21日

各单位参照公司运维一体化项目实施方案中变电运维一体仪器仪表配置标准，梳理本单位仪器仪表现状及需求。

2021年4月14日

国网宁夏电力设备部组织完成精益化评价问题整改指导意见及评分标准编制。

2021年5月18日

各单位参照整改意见完成对标变电站问题自查，在生产管理系统（PMS）中完成自查问题录入。各对标变电站主人编制所管辖变电站精益化评价及站容站貌整改方案，开展项目储备。检修公司根据西北电网站际竞赛考评标准，逐条进行750kV变电站问题整改。

2021年6月11日

深入落实“两制两军事”，高质量完成“庆祝建党100周年”活动供电保障。

2021年8月29日

“两制两军事”建设初见成效，由国网宁夏电力设备部牵头，超高压公司、吴忠公司联合制作室制作了国网宁夏电力“两制两军事”专题纪实片《淬火砺剑》，广泛宣传，进一步推进“两制两军事”落地见效。

2021年8月12日

聚焦“两制两军事”现代设备管理体系，深入推进“应急准军事”建设，围绕电力应急工作“急、难、险、重”特点，着力构建“响应快、指挥畅、研判准、处置优、队伍精”应急体系，锤炼作风、提升技能、协同高效、强化保障，持续提升应急管理水平。

2021年7月26日

时任董事长衣立东在年中工作会议上作《深入学习贯彻习近平总书记“七一”重要讲话精神　打造“双样板”推动“双创新”建设现代“双一流”加快推动新型电力系统建设》工作报告，首次提出推进“设备主人制、全科医生制”和“运维准军事、应急准军事”。

2021年7月8日

成立变电直流专业核心专家团队，明确专业工作机制，提升专业管理水平。

2021年8月31日

国网宁夏电力设备部组织对各单位“两制两军事”工作开展情况进行了年中督查，运维人员精神状态、办公场所及变电站面貌有明显改观，但在设备隐患治理、精益化问题整改、站容站貌治理及人员行为规范化等方面还存在一些问题，提出进一步工作要求。

2021年9月13日

深入落实“两制两军事”，圆满完成“十四届全运会”活动供电保障。

2021年9月23日

“两制两军事”建设输、变电各专业全面推进，顺利完成国家电网设备隐患治理暨秋季检修工作督导检查迎检工作，自主检修得到国家电网有限公司肯定。

2021年9月30日

各单位按照变电站整改方案完成自查问题整改，国网宁夏电力组织开展现场督导检查并反馈存在的问题（每单位2座变电站）。

2021 年 11 月 1 日

国网宁夏电力宁夏特色现代设备管理体系建设暨“两制两军事”推进会，设备部宣贯宁夏特色现代设备管理体系建设暨“两制两军事”工作方案。

2021 年 10 月 22 日

全面收集公司系统“两制两军事”工作开展成效，组织编制国网宁夏电力“两制两军事”成果汇编。

2021 年 10 月 19 日

国网宁夏电力印发聚焦现代“双一流”发展目标深化“两制两军事” 加快现代设备管理体系建设的通知，指导各地市公司（超高压公司）全面深化“两制两军事”工作，加快宁夏特色现代设备管理体系建设。

2021 年 10 月 1 日

深入落实“两制两军事”，圆满完成“国庆节”假日供电保障。

2021 年 11 月 26 日

“专科医生”再创新功，在自治区变电设备检修工职业技能竞赛中，国网宁夏超高压公司荣获电网组团体第一名、产业单位第一名，个人包揽电网组前四名，施工组前两名的优异成绩。

2021 年 12 月 20 日

深度总结运维准军事开展特色，开展成效，编制了变电运维准军事化之“五化”执行手册。

2021 年 12 月 22 日

国网宁夏电力迎接国家电网有限公司精益化评价和西北电网标杆变电站评比，评比认定对标站，灵州换流站获批“标杆换流站”，贺兰山、黄河、六盘山站获评“优胜站”，吴彦亨等 10 人获“先进个人”。

2021 年 12 月 28 日

组织开展设备主人星级评定，按照“全员参与，有效激励”的原则，通过制订科学、合理的量化评定机制，激发设备主人履职尽责的意识及主动担责的工作热情，立足岗位，锤炼技能，推进变电运维模式转型升级，加快现代设备管理体系。

上篇 变电篇

第一章 设备主人制

对于电力系统而言，新能源消纳是核心。新能源的大规模集中并网带来电源结构性变化，“双高、双峰”特征日益凸显，给电网设备安全运行和可靠供电带来新考验。之前很长一段时间，变电站运维模式逐渐由多人、少人向无人值守转变，但是经过八年多的运转，这种运维模式体现出不少弊端，设备管理重心下沉不够，基层班组对设备的监控、管控能力不足，班组信息化支撑手段不足、效率不高等问题开始显现，尤其是运维、检修专业只关注各自的专业要求，缺乏对设备管理的总体把控，设备管理不到位、不全面的问题开始凸显。面对严峻复杂的发展局势和变电设备管理新挑战，亟须变电运维专业转变观念，在管理上出实招、在举措上求突破，充分发挥干部职工主观能动性。

一、工作思路

国网宁夏电力立足运维专业实际情况，创新提出“设备主人制”思路和措施，逐台设备明确设备主人，厘清职责、压实责任，建立“定主人、明责任、夯基础、严考评、重奖惩”的工作机制，实现运检业务全流程闭环管控。知行合一、质效共进，努力打造出一支精益运维、精细检修、精准立项的设备管理队伍，为电网安全稳定运行打下坚实基础。

二、工作举措

（一）定主人，构建“1+3”立体管理体系

围绕“贴近设备、落实责任、精益运维、强化保障”的原则，建立“1+3”设备主人管理体系，即以现场运维人员为设备主人 A 角，掌控设备整体状态；以专业检修人员为设备主人 B 角，解决设备专项问题；以检修、试验、消防、土建等专业柔性专家团队为设备主人 C 角，提供专业指导和技术支撑。运用全过程技术监督、全寿命资产管理两个“武器”，建立上下联动、多专业融合的立体管理体系，把设备主人管理思路融入工程管理、运行维护、设备评价、检修管控、退役报废全过程，闭环管控。

实践案例

在某 750kV 变电站，王某是该站充油设备主人 A 岗，在日常运维过程中他发现因采用自然油循环冷却方式，该电抗器自 2019 年该站增加隔音屏障后空气自然流通效率降低，散热能力明显下降，负荷高时温度可达 85℃，比增加隔音屏障前历史温度上升 10℃，严重影响设备安全稳定运行。王某通过设备状态评估、自主研究设计，在该高压电抗器上加装冷却通风装置，制定的改进措施满足不停电实施、新增装置不增加高抗油路管道负重、新增装置控制不依附高抗二次回路的原则。通风装置投入运行改变了高抗的散热方式，加速了高抗散热器间隙内部空气流通，提升了散热效率，降低设备持续运行温度，确保设备安全稳定运行。

自主设计加装风冷装置

（二）明责任，实施设备主人“三层三制”

按照“划分清晰，责任明确，各负其责，相互支持”原则，施行设备主人“三层三制”。中心层级设立责任班组制，将责任班组制与到岗到位相结合，中心每个班组对应安排一名管理人员，对责任班组及其所辖变电站的工作进行监督指导，关心责任班组的安全生产及人才培养等具体情况，接受班组工作安全与质量的连带责任。班组层级设立变电站主人（站长）制，每座变电站任命一名变电站主人（站长），负责该变电站所有安全生产工作，对现场管控、运行维护、项目质量、资料管理、系统维护等具体项目进行总体安排协调。班员层级设立设备管理制，在班员层级设立设备主人，由经常参与该站工作的运维人员担任，按照设备区或设备类型进行责任划分，做到设备全覆盖，按规定开展巡视、操作、维护、检测、消缺工作，当好设备主人，把设备运维到最佳状态。

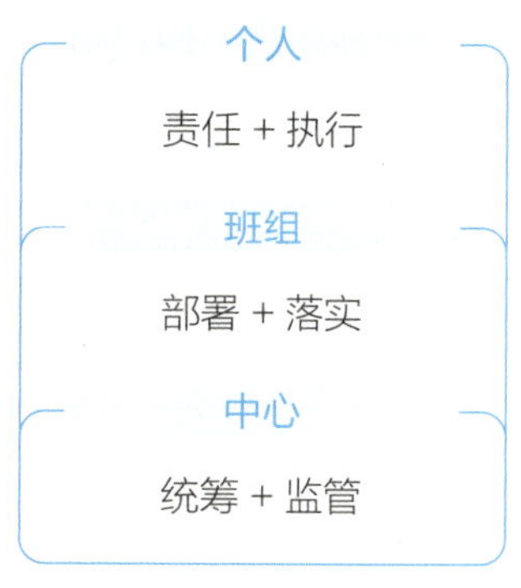

设备主人“三层三制”体系

通过施行设备主人“三层三制”，将变电站内设备、设施按责任区划分到人，由设备主人梳理、编制岗位责任清单，将各级设备主人及职责在站内公示，明确运维责任，明确设备主人、设备范围、工作内容、工作标准。增强设备主人责任意识，让运维人员切实感受到设备主人制“我的设备我清楚，我的问题我有数，我的地盘我维护，我的责任你追溯”的实质内涵。

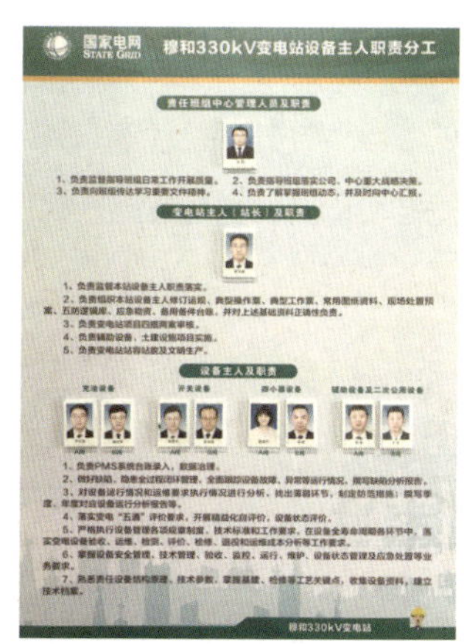

某变电站设备主人职责分工

实践案例

国网宁夏电力某运维中心设备主人各尽其责，精细化开展主辅设备运维，主动处理缺陷，提高自主消缺率，对于无法第一时间处置的采取有效措施防范，随时汇报缺陷发展态势；2021 年中心所辖 14 站共计发生二次专业应急消缺 86 次，中心自主完成 42 次消缺任务（危急缺陷 6 条，严重缺陷 15 条，一般缺陷 21 条），缺陷消除率 48.83%。除异常应急处置外，完成智能运检平台不停电缺陷消除 33 条，做好隔离措施下完成装置重启类消缺 29 台次。同比 2020 年二次类缺陷消除情况，处置异常的类别扩展 6 项，消缺数量增长 31.5%。自该运维中心实行设备主人管理模式以来，深化设备全寿命管理质效，实现设备管理提质增效，运维人员在日常运维、检修及设备全过程管控中发现问题、处置问题的能力均有显著提高。

（三）提质效，“开工七步法”助力风险管控再提升

自主提炼关于检修作业现场“开工七步法”，以信息化手段、标准化管控保障检修工作稳步开展。

第一步：“四措一案”布局风险防控，设备主人强化作业前期管理，依据作业风险等级提前编制详细的“四措一案”，做到对作业组织管理的超前谋划、超前管控，深化“一表一库”应用，强化作业全流程差异化管控。

第二步：“人员准入”抓人员在网核查，核查厂家技术服务人员及外委人员“防疫三码”，严格执行“先报备、再考试、后进场”的安全准入手续，严格审查作业人员工作范围、作业内容与实际所具备的作业资格一致性，开展同质化管理。

第三步：“安措复查”增强安全保障，各专业设备主人提前核对工作票及安全措施，严格核实大修技改关键工艺、特种车辆操作、异常天气等情况，全面掌握本设备或关联设备不确定危险源，加强措施落实和关键环节衔接，将安全预防措施落到实处。

核对工作票上的安全措施

第四步：“宣票三讲”提升安全管控，常态开展现场“三讲一落实”（讲任务、讲风险、讲措施、抓落实），严抓班前、班后会制度，实行设备主人负责制，做到现场作业“四清楚”。

现场工作票宣读

第五步：“安全培训”抓牢责任落实，建立全员“日学习、周培训、月考试”的安全培训机制，通过“安全小课堂”“党员安全示范岗”“车载广播”等形式，开展事故案例、标准、制度、违章通报等内容培训。

事故通报学习宣讲

第六步：“标准作业”提升运检质效，严控现场安全和检修作业质量，确保作业风险管控到位、修试质量把控到位，全力争创遵章现场。

第七步：“复核验收”提升本质安全，复查一次标准、核实一次接线、清扫一次现场、开展一次总结，实现“全员、全方位、全过程、全天候”的动态安全管理。

逐一核实开工手续流程

（四）夯基础，建立设备“全寿命”管理档案

1. 建立设备数字化台账

基于实物 ID，为设备赋码，提供身份识别标签，建立设备电子台账。设备电子台账采用设备主人专人承包制，所有跟设备有关的资料都应从此溯源，并便于进行相关查询统计。设备电子台账包括 PMS 信息表、设备照片、设备铭牌、附部件信息、技术安装文件、使用说明书、设备内部结构图、GIS 设备气隔图、二次接线图、试验报告、修试记录以及视频资料等；设备蓝图等重要的纸质技术材料进行电子化存档，加入电子台账库中。建立设备电子台账检查小组，每月进行数据筛查，及时消除错误数据。开展设备主人设备电子台账数据整改培训，定期组织专项培训，解决设备电子台账的疑难问题。

2. 建立设备健康管理档案

建设电网智能运检系统，通过“系统端 + 手机端”组合，承载运检专业日常重点业务，协助设备主人建立设备健康管理档案。变电站的各类数据可在手机端同步，设备主人可随时随地掌控责任变电站、设备的异常信息；设备主人开展设备的缺陷、隐患等专项管理，全面跟踪设备缺陷、隐患的发展变化，及时汇报故障异常信息和处理情况，参与设备故障原因分析；设备主人可随时在手机端进行设备缺陷填报、审核、消缺、验收各环节，跟踪做好缺陷全过程闭环管理。设备防污闪台账可以在现场直接维护，计划随时随地在手机端处理，实现设备实时状态信息和业务深度关联。电网智能运检系统通过日比对、周分析、月总结、年评估的方式帮助设备主人掌握在运设备健康状况，不断挖掘和分析设备实际运行状态，帮助设备主人及时制定合理的处置措施。

设备主人手持智能巡检终端录入缺陷

设备主人参与设备检修计划平衡和检修方案、检修内容核查，对常规检修、停电试验、技改、大修、消缺、隐患治理等工作的实施情况见证，对检修质量和进度进行监管和验收，监督试验报告、检修记录等资料录入设备健康管理档案中；设备主人负责检修工作验收，监督检修单位及时整改存在的问题。专家团队指导设备主人开展检修过程监管、检修项目验收。检修设备复役后，设备主人开展检修监管复查，对已完成的检修设备开展设备巡视、带电检测。

设备主人负责设备专项排查工作，针对同一类型缺陷、隐患等均能在设备健康管理档案中实现历史记录关联。通过电网智能运检系统，设备主人可开展设备履历画像，记录设备大事件，设备主人记录与设备相关联的大修、技改等项目，当设备有重要信息变更时，如负荷阶段性突增、设备计划性停电、设备跳闸等，设备主人对停电记录、跳闸记录、试验数据、检修记录等进行明确记录。

实践案例

2019 年 1 月，设备主人尚某某、李某某在开展某 ±800kV 换流站极 II 低端换流变压器油色谱离线检测工作时，发现某台低端换流变压器总烃异常增长且超过注意值。尚某某利用一体化在线监测平台，对换流变压器状态进行实时监控，同时加强远程巡视、红外测温、油位抄录、套管单氢、局放等重症监护手段，保障换流变压器异常状态早发现、早跟踪、全掌控。通过对所有换流变压器开展全面跟踪，他们又相继发现两台低端换流变压器油中总烃含量异常增长隐患。通过及时汇报故障异常信息、深入参与设备故障原因分析，最终确认原因为换流变压器铁芯拉带、拉板螺栓未紧固到位，形成裸金属过热点，过热故障导致换流变压器油中总烃异常增长。设备主人全程参与换流变压器修复全过程，确保换流变压器总烃含量异常增长隐患彻底消除。结合 2021 年度综检将修复后的换流变压器进行更换，设备主人持续跟踪换流变压器运行状态，现换流变压器运行情况良好。

换流变压器更换

3. 建立设备状态评估、差异化运维策略

设备主人通过变电评价移动作业平台深度参与设备精益化管理评价、年度状态评价和动态评价，做好设备状态评价和跟踪治理工作。设备主人收集专项隐患排查和设备相关状态评价信息，汇总设备精益化评价和设备隐患排查信息，建立隐患清单，逐条落实整改措施、计划和责任人，定期滚动更新隐患治理情况；参与设备检修策略和技改大修储备项目制定，推动精益化查评和隐患排查问题及时处置，暂不具备整改条件的隐患，制定并落实针对性运维保障措施；落实设备隐患排查治理闭环管理要求，跟踪隐患治理进度和质量，参与隐患治理工作评价。

以实物 ID 为技术支撑、电网智能运检系统为平台，建立设备“全寿命”管理档案。根据“二十四节气表”管理思路，编制精益化工作日历，将运维工作的“年任务”“月计划”“周安排”具体落实到“日管控”，确保每一台设备状态都得到设备主人的管控。同时，总结“二十四节气”特点和设备运行“习性”，日比对盯数据、周分析判趋势、月总结定策略，提升设备主人对设备状态发展趋势的预判能力。结合运维经验制定设备关键指标及差异化运维策略，抓准设备运维重点，密切关注异常天气、负荷温度、运行方式等变化，延展比对分析数据类型，增加巡视频次范围。

4. 推行项目经理制，压实设备主人责任

在变电站新（改、扩）建、大修技改等工程项目管理施行项目经理制，将项目经理职能纳入设备主人主要职责，设备主人提前介入并掌握项目可研、初设情况，随时跟进项目报招、施工、验收等各阶段工作，完成工程项目全过程管理，加大运维项目管理精细度，促进运维专业项目管理水平和质效双提升。

变电站新（改、扩）建工程项目经理组织开展生产准备工作，编制验收方案、验收标准卡，工程项目在可研初设阶段，项目经理组织设备主人依据反措及技术监督细则等相关条款，对工程可研初设报告、图纸、清单进行内审并形成书面意见，准备项目所需的主要物资和服务的招标技术规范。

大修技改类项目经理，是由设备主人在各类运维检查、排查工作中梳理分析存在的问题，开展现场勘察，举一反三对其他变电站同类问题进行核查，核实工程量，编制项目建议书，进行项目储备，挑选合适的设备主人担任该项目的项目经理。项目经理需要提前介入项目工作，配合专业专责、计经专责开展立项、评审等工作，完成项目储备，并掌握大修技改项目可研、初设等情况。

项目开工后，项目经理负责上报工作计划，安排现场施工，负责施工现场管控，开展施工中隐蔽工程、关键环节、竣工等验收工作，推进项目实施进度，核实工程量并签字确认。

项目经理在项目实施过程中加强汇报，在每周的周例会上向建设部、设备部通报项目实施进度及推进情况，对存在的问题积极反馈沟通、协调解决，使项目管理工作上下通畅。

设备主人到项目经理责任制具体做法

实践案例

2021年，国网宁夏电力组建设备主人团队进行某新建330kV变电站生产准备工作，任命马某担任项目经理。项目经理马某组织设备主人团队编制验收方案、验收标准卡，在可研初设阶段，组织设备主人团队依据五通及技术监督细则等相关条款，对工程可研初设报告、图纸、清单进行内审并形成书面意见；参与重要设备监造及抽检、关键节点见证、厂内验收等环节，并形成记录；在项目施工调试阶段，设备主人团队实施新建工程全过程管理，包括到货验收、隐蔽工程验收、中间验收等环节，并形成"验收日汇报"记录，针对重大缺陷撰写专题汇报材料，在每周的周例会上马某向建设部、设备部通报项目实施进度及推进情况，对存在的问题积极反馈沟通、协调解决，使项目管理工作上下通畅，同时保存记录并跟踪整改情况，整改完成后由设备主人复验。以马某为项目经理的设备主人团队从首次全面验收的1816条缺陷，历时100天到最后该站的零缺陷顺利投运，完成新建工程项目全过程管理。

某新建变电站投运后设备主人团队合影

5. 深入探索基于全寿命周期的设备主人制

创新"两化双全"管理新举措，即通过建立"立体化责任体系、精益化工作体系"两个管理体系，实行以设备为基本单元的管理模式变革，通过积极构建"全寿命周期管理、全方位支撑机制"两大管理实践，聚焦质效提升，加强管理赋能，以设备全寿命周期为切入点，推动设备主人制在设备管理各个关键业务流程中的落地，强化设备主动运维与状态管控，提升运维人员"主人翁"意识和运维精益化管理水平，保障电网安全和电力可靠供应。

（1）强化组织管理，明晰立体化责任体系。基于设备全寿命周期管理，建立多层次设备主人体系，完善三级管理组织构架，厘清设备主人的职责与工作界面，将设备与运维人员"关联挂钩"，建立健全制度与组织工作保障，确保"专业到人、设备到人、责任到人"。

（2）聚焦质效提升，推动全寿命周期管理。充分发挥设备主人支撑设备全过程管理的优势，强化设备主人在项目工程中的话语权，提升设备主人故障排查、检修运维的工作规范性，全面落实设备全寿命周期管理，进一步提升电网设备本质安全和运检工作的效率效益。

（3）立足管理赋能，深化全方位支撑机制。全面推动基于全寿命周期的设备主人制落实落地，针对管理业务环节多、管理链条长的现状，建立各专业、部门监协同合作机制，确保设备主人制的长效落地、持续改进、不断优化提升。

◉（五）强手段，提升设备主人履职能力

按照“贴近现场，贴近设备”的原则，通过智能化升级，拓宽设备主人获取现场设备信息手段，丰富设备主人状态感知渠道，提升履职能力。运监融合落实重点信息实时掌控，基于i国网构建掌上运检平台，部署站所监视模块，通过与监控信息融合，实现设备主人与监控人员信息共享，实时获取变电站各类重要告警及异常信息，保障设备主人对重要信息“一手掌握”。移动作业完成缺陷隐患随时记录，针对现场部分老旧设备异常频发、各类辅助设施缺陷隐患记录烦琐、设备主人对全量设备及辅助设施信息掌控难度大等痛点，全面部署应用移动作业，实现内外网同步线上管控，解决缺陷隐患重复录入、分析掌握难度大等问题，助力设备主人做好设备缺陷隐患“明白账”。人机协同助力设备主人远程巡视，充分利用变电站巡检机器人、远程智能视频巡检等硬件基础，完善巡检策略，有针对性地对各类表计读数、油位变化开展自动分析，深挖各类数据价值，动态分析变化情况，自动分析研判，为设备主人装上“智慧眼”。编制设备主人“应知应会”手册，设备主人将设备运行规程、运维注意事项等全面融入变电站“应知应会”手册，实现“标准化、流程化、精益化、科学化”运维，提升运维人员设备健康状况掌控能力，加快设备隐患缺陷发现和处置速度。

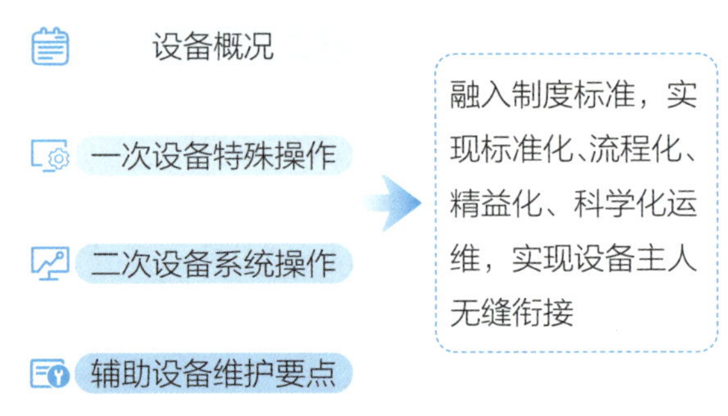

变电站“应知应会”手册

◉（六）严考评，完善设备主人评价考核

实施《设备主人星级评定细则》，对设备主人制落实情况进行检查、评价。变电站星级设备主人评定实施逐级负责管理，一至三星级设备主人由运维中心评定，并推荐符合条件的设备主人参加公司组织的四星设备主人评定。

1. 评定内容

变电站星级设备主人评定内容包括基本条件、业务能力、工作业绩、综合表现四个维度，根据基本条件确定参评等级，四个维度评价权重分别为8%、40%、42%、10%。

基本条件	业务能力	工作绩效	综合表现
学历、工作年限、职称（技能）等级、荣誉称号、年度绩效等级等	采用理论考试、实操考核等方式，理论考试权重占40%、实操考核权重占60%	运维变电站设备组数量、运维业务数量、巡视维护到位率、缺陷隐患发现处置率等	政治素质、职业精神、工作态度、安全意识、创新能力及工作贡献度等

设备主人评价考核内容

2. 评价标准

设备主人星级评价根据履职合约实行聘任管理，聘期为一年，聘期内实行动态管理，实现等级能上能下。一星、二星、三星设备主人年度绩效等级 B 级及以上，四星设备主人年度绩效等级 A 级。同时符合条件的员工，经用工单位评价、组织部门审核后，予以续约。

一星设备主人 ★

- 近一年内发现 5 条 及以上严重 / 危急缺陷；
- 具备运维初级工资格认证；
- 能够熟练掌握标准化倒闸操作、设备巡视及缺陷定性；
- 评定量化积分大于等于 65 分。

二星设备主人 ★★

- 近一年内发现 10 条及以上严重 / 危急缺陷；
- 具备运维中级工资格认证；
- 能够组织开展常规 93 项设备主人业务以及已开展 7 项运维一体化项目；
- 能够熟练掌握标准化倒闸操作、设备巡视及缺陷定性；
- 评定定量化积分大于等于 70 分。

三星设备主人 

- 具有变电（直流）站设备主人（站长）履职经历；
- 具备运维高级工资格认证，公司认可的特定二次业务或检试业务资格认证；
- 能够组织开展二星设备主人对应业务，以及设备主人业务中规定的二次业务或检试业务；
- 评定量化积分大于等于 75 分。

四星设备主人 

- 具有变电（直流）站设备主人（站长）履职经历；
- 具备运维技师资格认证，公司认可的特定二次业务、检试业务资格认证；
- 能够组织开展全部设备主人业务，以及已开展 7 项运维一体化项目；
- 评定量化积分大于等于 80 分。

设备主人星级评价标准

(七)重奖惩，建立与电网发展相适应人才激励机制

为强化设备主人责任担当，提升设备主人履职意愿，在制定绩效管理方案时深入结合设备主人制要求，合理设置考核机制和激励机制。开展设备主人星级评定，是由专业管理部室组织运维专业骨干制定详细、可执行的考评细则，将运维质量与各级各专业人员绩效考核深度关联，做到奖惩分明，落实“铁的责任”。评价内容涵盖设备主人履职经历、运维一体化技能、设备维护质量、设备健康水平、运维项目经理履职等多维度，将设备主人业绩与设备深度关联。各运维单位依据考评细则年底对设备主人进行星级评价，评价结果纳入年底绩效评级、专项聘任、评先评优，并落实专项激励资金予以奖励，进一步畅通运检人员的人才发展通道，保障“设备主人制”真正落地。

三、工作成效

(一)设备主人责任压实，履职意识明显增强

设备主人制明确每台设备都有对应的设备主人，承担相应职责，形成设备管理上下一体的生产责任体系，实现从行政指令式的设备被动管理模式转变为“我的设备我负责”的设备主动管理模式；将设备承包到人，确保设备受到持续关注，深度运维，调动运维人员积极性，提高设备运维质量，设备主人履职意识显著增强。

(二)运维基础工作扎实，管理能力持续提升

通过优化各部门管理职责，规划贯穿变电设备全寿命周期的整体布局，提升设备监控力度和管理细度，丰富智能巡检手段，开展“远程智能巡视 + 机器人 + 无人机”立体巡检，应用掌上运检等新技术，将设备主人与设备实时状态和业务深度关联，实现“战斗反应”实时化、“缺陷打击”精准化、“业务阵地”透明化、“作战体系”一体化。变电设备管理强度和细度持续深化，运维人员发现缺陷、处理缺陷的能力得到明显提升，做到了缺陷“早发现、早预警、早处理”，管理能力大大加强。

第二章 全科医生制

近年来，随着国网宁夏电力电网设备规模的快速增长，变电设备规模与人员力量平衡矛盾凸显，变电设备利用率、运维效率等仍存在不足，设备管理细度和队伍建设力度与大电网安全运行需要不匹配，设备过程管理方式较为简单、粗放，不适应电网设备迭代更新管理的新局势。变电管理涉及多专业、多环节，设备运维人员发挥的作用未得到充分发挥，协同管理的力度有待加强，相关专业人员的综合素质有待提升。

2021年国家电网有限公司提出加快构建以“三全五化”为特征的现代设备管理体系（SEMS），要求专业管理向全员管理转变、维修管理向健康管理转变、设备管理向资产管理转变。因此加强国网宁夏电力变电运维管理，提升设备全寿命周期管理水平，培养运维专业“全科医生”，对保障电网设备安全稳定运行具有十分重要的意义。

一、工作思路

运维专业全科医生作为变电设备健康管理的主要参与者，需要具备综合性的知识、高尚的素质、丰富的运维经验、卓越的管理才能和执着的科学精神。

- 强调早期发现并处理设备隐患。
- 强调对设备持续性、综合性、个体化的照顾。
- 强调预防设备事故、事件和维持设备健康。
- 强调在变电站对设备进行不间断的设备管理和服务，并在必要时协调利用本专业或其他专业的资源。

通过运用“全科医生制”管理理念，国网宁夏电力主要解决三个需求：一是提升运维人员技术能力，满足设备精益运维的需求；二是确立运维人员主导地位，加强设备管理话语权需求；三是加大数字化应用力度，开展设备智能运维的需求。

二、工作举措

（一）培养“诊断力”精准把脉

国网宁夏电力坚持“骨干先行，以点带面，稳妥推进，全面实施”的原则，按照培训评定、装备配置、业务承接“三步走”战略，以培训、引导、选树为抓手，加快全科医生知识更新，改善业务结构，提升全科医生履职能力，促进运检队伍整体素质全面提升。培养高水平“全科医生”，重点攻坚“核心能力弱化”问题，优化实施三类业务（油气检测类、二次诊断类、变电检修 C/D 类），打造生产业务“核心队伍”，切实保障人身、电网、设备和信息安全。试点建设标准化试验室。加快仪器仪表、工器具等装备配置，根据全科医生对 121 项业务掌握情况，制订培养计划，组织全科医生进行培训。运维中心对全科医生 121 项综合业务技能开展对标考评，对理论、实操、分析、处理能力进行考核，通过者取得合格证书，实现运维人员从设备日常维护型向检测诊断型转变。通过超越杯竞赛等竞赛手段，提高全科医生对设备的精准诊断，培养全科医生“精准把脉”的诊断力。

低压定相运维一体化业务实施

开展分层综合培训，全面提升全科医生技能水平。全科医生综合培养分为理论培训、实操训练、实践学习、劳动竞赛四个阶段，分别从不同侧重点对三层全科医生以阶梯式培养进行能力提升。

第一层	第二层	第三层
参加工作 2~4 年的员工需参加超高压公司、国网宁夏电力、国家电网有限公司三级轮训，其中超高压公司自行培训 26 天，培训中心统一加强培训 10 天，国家电网有限公司培训 15 天，具体培训方式、考评方式按照《超高压公司变电运维青年员工轮训实施方案》执行	针对未参加国网统一培训的生产骨干开展专项培训，培训方式主要以理论培训、实操培训、现场实践培训三种模式分阶段进行，每季度进行 2~4 项培训	结合现场工作，由前期参加培训并达标的生产骨干人员对其他全科医生开展培训，各班组从人员业务覆盖率、工作质效、异常分析判断能力等方面施行全面对标

三层全科医生培养方案

1 理论培训 

- 培训时间及对象：按照每季度培训计划表进行，时长一个月，由各中心举办专题培训班进行培训，参培对象为全部运维人员。
- 培训内容：包含全科医生的理论基础知识、仪器使用方法、数据分析方法、异常处理要求、事故典型案例、典型经验分享等内容。
- 培训要求：一个季度保证参培人员具备开展相应工作的能力，并取得合格证书，相应培训流程闭环。

2 实操训练  

- 培训时间及对象：培训时长每季度一个月，实操培训场地为公司教学室、各中心基地培训室及工作现场。带电检测类培训由检修中心实验班负责人负责开展。二次类培训由各中心二次专业负责人负责开展。
- 培训内容：各培训师进行各项作业内容演示，分步讲解作业任务的要求、关键点，运维人员进行现场实操学习，熟悉各项操作步骤。
- 培训要求：具备作业能力后方可进行下一阶段培训。

3 实践学习 

- 培训时间及对象：在变电站内运行设备上进行培训，培训时长一个月左右。
- 培训内容：由检修人员或保护人员担任工作负责人，运维人员担任相应工作的工作班成员，进行现场实践学习，现场遇到问题时，培训师、专业人员可随时向运维人员进行讲解。
- 培训要求：现场实践培训保证每位参培学员可熟练完成不少于 5 次的实践操作，认定具有独立开展专项业务的能力。

4 劳动竞赛 

- 培训对象：参培对象为全部运维人员。
- 培训内容：竞赛内容包括专业知识和实操两部分，其中专业知识考试内容分为理论笔答、事故分析处理，实操竞赛内容包括二次故障排查、倒闸操作、变压器取油分析等。专业知识成绩占总成绩的 40%，实操成绩占总成绩的 60%。

全科医生综合培养四阶段

常态化进行标准化作业，规范全科医生工作行为。新编及审核标准化工作流程 32 项；新编制标准化作业指导书 8 个；制作全科医生取油、油样分析、GIS 气体组分分析、局放检测等示范教学片。树立“现场作业不执行标准化作业就是违章”的理念，严格现场作业内容，由公司设备部、安监部不定期对各检修、巡视、切换等工作现场进行标准化作业检查，并在超越杯技能竞赛中考核相关内容，使标准化作业理念入脑入心，定期选树全科医生标准化作业安全先进班组、先进个人，突出标准化作业的权威性，全员性，做到行动统一、步伐一致，有效提高团队配合、协作能力。

建立全科医生制度落地监督考评机制。监督考评是保障“全科医生制”顺利、有效实施的重要手段。按照班组、中心、管理部室、公司四层级对全科医生制的实施开展监督考评，并结合全科医生量化积分人才评定，确保全科医生制的各项要求落地执行。

班组层面

- 运维班组每月对员工参与全科医生培训情况、实施情况、竞赛情况进行检查，监督考核“全科医生制”的工作质量
- 检查情况按月纳入班组反违章和班组绩效考核进行统计、分析、兑现

中心层面

- 通过例行监督、到岗督查、突击检查等方式，督促专业班组落实全科医生制，按季度对落实情况进行评价

管理部室层面

- 设备部对全科医生培训情况、实施情况、竞赛情况进行检查，督促各中心落实全科医生制，并对其落实情况进行检查考核

公司层面

- 公司领导定期参加全科医生培训情况、实施情况、竞赛情况检查，提升全科医生工作质量

全科医生制四层级监督考评

开展交流会诊，提升故障诊断效率。通过与设备监控、带电检测、油化验、继电保护等专业轮岗交流等方式，提升全科医生技术水平；通过组建“跨专业”团队，建立设备异常分析、故障诊断会诊机制，让全科医生参与到技术标准、规程规范的编制和设备异常检修策略的制订，提升全科医生的决断力。同步建立柔性专家团队，构建以具体事项为中心的工作小组，在工作过程中为全科医生提供技术支撑，任务结束后撰写设备健康分析报告，总结经验提供具体指导方向。

设备部配合组织部每年制定变电站全科医生人才量化培养计划，包含理论学习、技能培训等内容。变电站全科医生人才量化评定工作原则上每年组织一次，宜结合冬季培训开展。人才评定量化积分包括基本条件、业务能力、工作业绩、综合表现四个维度，根据基本条件确定参评等级，四个维度评价权重分别为 8%、40%、42%、10%。

全科医生人才量化积分表

序号	评价维度	评价内容	评价标准
1	基本素质（14分）	工作经历（10 分）	得分 = 贺兰山运维中心工作年限 ×0.7+ 黄河运维中心工作年限 ×（1+k）+ 六盘山运维中心工作年限 ×（1.2+k） 工作年限满半年未满一年的按一年算，未满半年的不算。工作前 5 年到黄河、六盘山运维中心的 k 值为 0.2，工作满 5 年后的 k 值为 0。工作经历总分超过 10 分的按 10 分计算
		技能等级（专业技术资格）（2 分）	取得高级技师或副高级及以上职称得 2 分，技师或中级职称得 1.5 分，高级工或初级职称得 1 分，中级工及以下得 0.5 分
		荣誉称号（2 分）	近两年获得荣誉、竞赛奖项得分，国家电网有限公司级及以上得 2 分，省公司级得 1.5 分，地市公司级得 1 分
2	业务能力（40分）	理论笔试（16 分）	根据考试成绩换算
		技能操作考核（24 分）	根据考试成绩换算

序号	评价维度	评价内容	评价标准
3	工作业绩（36分）	运维变电站数量（6分）	上一年度全科医生运维变电站设备组数量： ● 以本单位运维变电站设备组数量为基准，750kV 4分，330kV 2分。累计不超过6分。 ● 担任变电站全科医生6分
		运维业务数量（6分）	上一年度两票业务数量： ● 以本单位变电运维人员平均执行操作票份数为基准，基础分3分，每降低5%扣1分，每提高5%加1分。 ● 以本单位变电运维人员平均执行维护类检修作业卡及工作票份数为基准，基础分3分，每降低5%扣1分，每提高5%加1分。 ● 以上两项合计得分超过6分，按6分统计
		巡视维护到位率（8分）	上一年度每发生1起变电站巡视、维护、带电检测等定期工作未按照周期开展，扣2分；连续发生2起，扣5分
		缺陷隐患处置率（8分）	上一年度每发生1起变电站缺陷隐患未按要求及时消除、处置，扣2分；因设备缺陷隐患发展造成设备故障，750kV设备扣8分，330kV设备扣7分，220kV设备扣6分，110kV设备扣5分，35（66）kV及以下设备扣4分
		检修业务数量（8分）	上一年度检修工作票数量： 参与全科医生业务中二次业务或检试业务，担任工作负责人，每项工作加2分，担任工作班成员，每项工作加1分
4	综合表现（10分）	全面素质（10分）	由评定小组根据职业精神、工作态度、安全意识、创新能力及工作贡献度等进行评价。以0.5分为最小差值，按照一个分值不得超过20%进行强制分布

两制两军事技能练兵

(二) 提升“处置力”对症下药

通过全过程介入新、改扩建变电站工程建设，使全科医生深层次参与设备监造、全方位进行设备验收调试，通过结合新一代集控站系统，加装智能传感器、数字化智能表计，远程自动采集 SF_6 气体压力、充油设备油温油位、刀闸运行状态、避雷器泄漏电流等核心设备运行数据，促使全科医生深度熟悉设备结构原理、规程规范、运维要点，获得设备运行状态的千里眼、顺风耳，使全科医生得到准确且全面数据支撑，通过对设备数据、报文、运行状态的全面深入分析，迅速响应、准确判断，提升全科医生对异常运行设备的“对症下药”的处置力。

保护装置异常处置

建立健全各项保障措施，护航全科医生工作开展。健全组织保障、技术保障、物资保障，编制运维专业全科医生制落地实施方案，为“全科医生制”工作实施提供强有力的保障。

组织保障

- 设立“全科医生制”领导及工作小组，坚持以设备管理为中心，建立统一协调机构，实施专业化整合和区域化融合。
- 在公司层面成立以公司领导为组长的领导小组和各部门负责人为组长的工作小组，牵头协调和归口管理部门设在设备部，重在协调解决实施过程中遇到的各种问题，推动各层级落实好“全科医生制”落地实施方案，确保工作有序推进。

技术支撑

- 成立共计 33 人的柔性专家团队，支撑换流变压器 / 变压器异常分析及试验见证、主设备安全风险评估、330~750kV 主设备出厂试验见证等工作，打破专业、班组壁垒，多专业协同配合，实现全过程、全要素设备管理。
- 集合事故典型案例开展专项排查，总结提炼典型经验，不断提高全科医生专业能力。

物资保障

- 在公司层面、运维中心层面建设满足需求的标准试验室，配置功能完善的仪器装置，用于油气类检测及分析。
- 定期梳理补充运检专业所需备品备件，为运维班组配置足够的仪器仪表、工器具等装备，确保应急消缺物品充足。

健全保障措施

落实重点工作任务，提升全科医生五种能力。国网宁夏电力编制了“全科医生”五种能力（状态感知能力、缺陷发现能力、主动预警能力、设备管控能力、应急处置能力）重点工作任务清单，内容涵盖 27 项重点工作任务。主要包括全科医生基础提升、项目管理提升、机器人应用管理提升、辅助监控系统应用、一键顺控改造、天气预警、状态设备监测等方面的工作任务和具体工作内容，明确牵头部门、完成时限和责任人，确保落地落实。

◉（三）练就“决断力”一锤定音

编排三年至五年滚动计划，安排全科医生参与重要工程的调试、重大隐患的治理、复杂事故的分析，对全科医生建立导师“一对一、一对多”帮扶机制。按照“二十四节气表”扎实开展各类切换巡视工作，依据技术监督要求做好组合电器、开关柜局放检测、变压器取油样及色谱分析等，做到“眼到、耳到、心到”，通过借助无人机、机器人自主巡检等新技术，进一步聚焦核心业务，实时监控全面覆盖主辅设备、在线监测等辅助设备，实现各专业信息系统互联互通、业务流程融会贯通和大数据采集、分析、预警、研判功能，使全科医生对设备了如指掌，对设备缺陷、隐患的跟踪能力大幅提升。在设备出现缺陷及隐患后，由全科医生作出初步决断，使设备得到全面的照顾，使处缺流程更完善，培养“全科医生”更有话语权，成为在专业领域内“一锤定音”的专家人才。

在线监测装置检查主变压器乙炔值历史信息

实践案例

2022 年某日 19 时 05 分，运维人员唐某某、韩某某在 330kV 某变电站进行线路送电后进行巡视，发现断路器异响，且该异响时有时无，声音刺耳。立即对该断路器开展红外一次测温，发现 C 相套管温度 19℃并随时间上升明显，A、B 两相均为 4℃左右，依据《变电一次设备标准缺陷库》，为危急缺陷，需紧急断开该断路器转检修。运维人员立即决定向地调申请断开断路器，并协调各方力量做好负荷转移工作，开展远程监控，做好紧急遥控分闸准备。根据调度令立即断开断路器后，进行相应故障点隔离。隔离后对现场一二次设备进行检查，现场检查发现断路器 C 相上端灭弧室故障，检查原因为某厂家该断路器年限较久且行程试验不合格。找到备件断路器进行更换后，缺陷消除。随后进行了所有同厂家同型号断路器停电检查，坚决杜绝此类隐患再次发生。

常态化开展交流会诊，提升全科医生专家力。通过与设备监控、带电检测、油化验、继电保护等专业轮岗交流等方式，提升全科医生技术能力；通过组建“跨专业”团队，建立设备异常分析、故障诊断会诊机制，让全科医生参与到技术标准、规程规范的编制和设备异常检修策略的制订，提升全科医生的决断力。同步建立柔性专家团队，构建以具体事项为中心的工作小组，在工作过程中为全科医生提供技术支撑，任务结束后撰写设备健康分析报告，总结经验提供具体指导方向。

实践案例 35kV 某变电站隔离开关发热异常处理

2022 年某日 09 时 20 分，运维人员薛某某、马某通过远程智能巡视系统发现 35kV 某变电站 2 号主变压器 10kV 侧 502-2 隔离开关动静触头接线板 B 相发热，温度为 178.6℃，A、C 两相温度分别为 32.6、32.5℃。运维人员现场对隔离开关导电部分温度进行复测，B 相温度 154℃，其他相温度 32.2℃，依据《变电一次设备标准缺陷库》，定性为危急缺陷，需紧急停电处理。运维人员立即决定向地调申请将该间隔设备转检修，并协调各方力量做好负荷转移工作。隔离后对现场设备进行检查，发现 502-2 隔离开关 B 相导电部分辅助引流线断裂，导电杆上方压紧弹簧及辅助引流线处有发热后碳化发黑痕迹，压紧弹簧因高温失去金属弹性、部分断裂，502-2 隔离开关 B 相触指有氧化及积灰，隔离开关 B 相触指变形导致接触不良，检查原因为该型号隔离开关接线板与导电杆所连接的接线座使用弹簧压紧来保持导电部位接触良好，压紧弹簧因自身缺陷、外部环境等因素影响，倔强系数降低，弹力下降，导致主回路电阻增大，流经辅助引流电流增大。对隔离开关进行更换后，缺陷消除，随后进行了所有同厂家同型号隔离开关停电检查，坚决杜绝此类隐患发生。

开展综合素质能力评价，打造专业全科医生队伍。全科医生能力素质提升严格坚持“整体统筹、突出重点、分层制定、分级实施”的原则，为实现全科医生能力素质的全面提升，满足分层人员能力素质为路径，将全科医生按入职年限划分为入职 1-3 年、3-5 年、5-8 年和 8-10 年四个分层，根据专业特性分别建立四个阶段胜任力模型，给各阶段的青年员工明确努力方向，建立具有专业特色的综合能力评价体系，实现人人达标过关。

分层明细目标值

分层明细	实现年限	目标胜任
入职 1-3 年	第一个五年规划	生产骨干
入职 3-5 年		技能尖兵
入职 5-8 年	第二个五年规划	胜任班管
入职 8-10 年		专业主管 / 技能专家

全科医生能力素质培养体系主要以员工职业发展“专业向管理”递增式体系为主，锚定各层级的发展目标。针对全科医生成长实际，建立完善素质培养规划体系，通过有序实施，综合形成贯穿全科医生职业生涯的素质培养工作体系，有效激发了青年员工内生动力。

素质体系分解及占比

素质体系	核心能力	能力明细	能级百分比（%）
专业素质	履责能力	个人工作态度端正、安全职责优秀、执行力度高效、安全能力完备等	50
	技术能力	技术知识饱满、实操能力丰富、应急处置得当等	30
	业务能力	工作质效、分析总结、应急决策、创新创意等	20
管理素质	沟通协同能力	个人上对公司的工作承接和分解，下对工作人员的指导和调节，以此提升工作的双向质效	20
	决策执行能力	对重要事项的定夺和明确，发挥“一锤定音”的功效，对工作任务高效解读和绝对性地执行落地	40
	规划统筹能力	对本部门工作的前瞻分析、对个人、班组工作的计划执行，对全局工作的有效安排和布置	40

三、工作成效

（一）电网运营安全风险显著降低

电网、设备安全得到有效保障。国网宁夏电力自 2020 年全面实施“全科医生制”以来，全科医生正确处理设备保护动作事件 124 起；通过设备巡视、带电检测累计发现危急严重缺陷 376 条，未发生过一起责任性跳闸事件；设备隐患排查及时准确，变电设备缺陷数量大幅度降低，设备“零跳闸、零缺陷、零隐患”的目标基本实现。

变电设备运维质量显著提升。通过作业专业化和标准化，提升设备故障分析和隐患处理水平。主动参与变电设备建设过程，明确设备制造关键材料及部件、关键工序、关键工艺的质量把关目标和要求，提升变电设备质量，降低了购置成本，优化了建设成本。

(二)设备管理效率效益大幅提升

变电设备管理能力有效加强。通过优化各部门管理职责，规划贯穿变电设备全寿命周期的整体布局，形成“全科医生制”变电管理新模式，优化管理责任，运维人员发现缺陷、处理简单缺陷的能力得到明显提升，缺陷“早发现、早预警、早处理”管理能力大大加强。

变电队伍协同效率有效提升。遴选31名专家，通过组建覆盖检修、试验、消防、土建等专业的柔性专家团队，明确职责，提升变电运维的人才、专业协同效率，确保变电设备从规划、建设、运行、检修到处置全业务的有序衔接、流程有效贯通，形成上下联动、多专业融合的“立体作战体系”，促使运维人员深度熟悉设备结构原理、规程规范、运维要点，使“全科医生”更懂设备。通过组建“跨专业”团队，建立设备异常分析、故障诊断会诊机制，让运维人员参与到技术标准、规程规范的编制和设备异常检修策略的制订，全面提升运维人员风险管控和异常处置能力，确保变电设备从规划、建设、运行、检修到处置全业务的有序衔接、流程有效贯通，提升变电队伍专业协同效率。

(三)变电队伍综合素质明显提高

变电专业人员素质显著提升。“全科医生制”体系的实施，使运维人员能全过程地参与设备的管理，全方位地提升核心能力，员工通过标准化锻造，技能水平、管理能力、素质素养得到了提高，为变电运维一体化工作推进提供技术保障，各类竞赛在提升人才队伍能力素质、促进主动学习、推动岗位成才等方面起到了重要作用，为人才成长搭建平台。

变电队伍建设取得明显进步。在2020年，国网宁夏电力两座变电站被评为“国家电网有限公司红旗变电站”，国网宁夏电力选派参加国家电网有限公司2021年第1-7期变电运维青年骨干员工技能轮训培训班的学员中，共有6人获得优秀学员称号，多项QC成果国家电网有限公司质量管理奖项。部分论文获全国企业管理创新论文奖项，为打造“全科医生”复合型人才奠定了基础。

班组作业移动化取得明显成效。深化实物“ID”、两票、巡视、检修等16项业务移动办理，打通一线班组现场信息交互“最后一公里”，提升移动终端持有率、常用业务应用安装率和日常巡检业务移动化开展率，全面实现无纸化作业，大大提升了基层效率。

第三章 运维准军事

变电运维是国家电网有限公司的核心业务，是维护地区电网主设备安全稳定运行及电力外送通道畅通的重要保障力量。国网宁夏电力积极推进“运维准军事”，借鉴军队管理模式，增强变电运维人员做好设备主人的责任意识，加强设备运检队伍建设，提升业务能力水平，依靠统一规范和严格要求，打造一支专业精深、业绩优秀、结构合理，政治合格、作风过硬、纪律严明的运检核心队伍，快速提升队伍战斗力，为加快构建新型电力系统，建设清洁低碳、安全高效、智慧共享、坚强送端的现代一流电网提供强大支撑。

一、工作思路

打造“运维准军事”，依托管理提升、行为规范、作业标准等机制，深度提升变电运维人员的精神面貌，树牢令行禁止的规矩意识，激发干事创业的工作热情，实现设备运维精益高效、人员行为规范统一，现场作业标准统一、站容站貌整洁文明，整体提升变电运维专业工作质效，使变电运维人员当好新时代的电网卫士。

基本原则

设备主人，守土有责——有理想，守信念，筑牢设备主人责任履职意识，打造运维人员招之即来的主人翁精神，守好每一座变电站，每一条输电线路，保障设备安全。

全科医生，守土负责——懂技术，会创新，树立技术为本的本领恐慌意识，按照“缺什么，补什么”的原则，锻造运维人员来之能战的履职能力，练就过硬本领。

电网卫士，守土尽责——敢担当，讲奉献，树立纪律严明、令行禁止的遵规守矩意识，团结一致，服从指挥，塑造运维人员战之能胜的必胜决心，守护一方光明。

贴近设备，精益运维——坚持安全第一，强基固本，精益管理，深入设备隐患排查治理，严格执行标准化作业，确保设备运维到位。

降低重心，精准监控——坚持全面自主，智慧研判，施行监控人员、运维人员定期轮岗，严格执行 24 小时值班要求，确保信息不漏监。

严谨细致，精心操作——坚持八要八步，流程规范，操作标准，严禁擅自解锁，严格履行管理人员到岗到位，减少夜间操作，杜绝误操作。

砥身砺行，精干作风——坚持五特精神，强化日常训练、规范言行举止，强根铸魂，凝心聚力，锻造一支“拉得出、顶得上、打得赢”的铁军队伍。

标本兼治，精致环境——坚持党建引领，文化赋能，滚动开展老旧变电站站容站貌治理，从细微处下功夫，营造变电站精致简洁环境，打造文明班站。

二、工作举措

国网宁夏电力积极推进“运维准军事”，借鉴军队管理模式，增强变电运维人员做好设备主人的责任意识，加强设备运检队伍建设，提升业务能力水平，依靠统一规范和严格要求，打造一支专业精深、业绩优秀、结构合理，政治合格、作风过硬、纪律严明的运检核心队伍。运维准军事主要做法包括锤炼军人气质、打造整齐环境、严抓标准流程。

（一）锤炼变电运维人员军人气质

打造“运维准军事”，依托规范人员行为、严明工作纪律的方法，深度提升变电运维人员的精神面貌，形成令行禁止、纪律严明的军人气质。

1. 规范人员行为

对于变电运维人员队伍，要求统一行为规范标准，规范着装要求，明确各类场景行为举止，将行为规范的理念深入人心，全面提升人员精气神。持续开展队伍作风建设，通过站军姿、走正步、整理内务等军事化管理方法，规范员工日常行为，树立运维人员令行禁止的规矩意识。在班组开展“四个一”活动，通过每日组织一次班前会、每周组织一次内务检查、每季开展一次纪律回头看、每年开展一次对标评比，全面推进运维人员行为规范化。加强党建引领、创新主题党日，充分发挥党员模范带头作用，引导运维人员自觉从讲政治的高度看待安全生产工作，激励党员同志带头遵守各项安全生产规章制度，每月评比 1 名党员模范示范岗。

内务整理检查

着装标准：参照部队内务条例，结合工作实际情况，制定正规着装标准，要求变电运维人员进入变电站应统一着适应对应季节工作服，工作服右胸口袋页扣缝右侧处挂国家电网标示化工作牌，党员左胸口袋页扣缝左侧戴党徽，团员戴团徽，群众不佩戴。人员绝缘鞋应按照工作服的着装要求进行穿着，全员绝缘鞋应保持一致且款式统一。进入变电站设备区应按工种正确佩戴安全帽，运维人员佩戴黄色，检修人员佩戴蓝色，管理人员佩戴红色，帽带扣接应规范并在下巴内侧位置进行紧固。

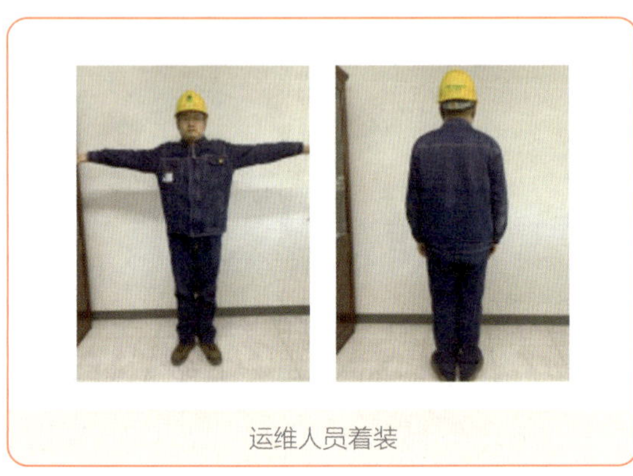
运维人员着装

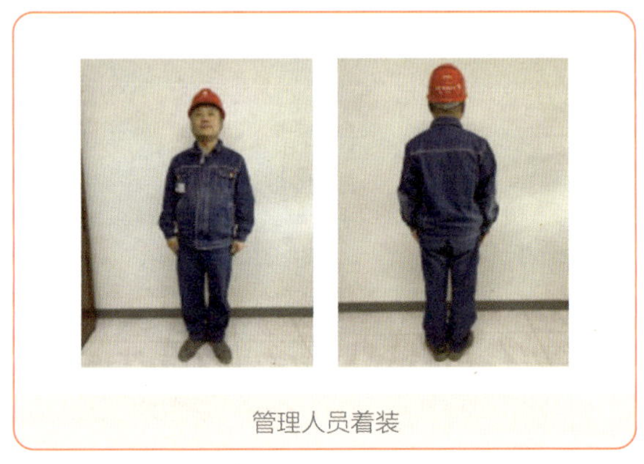
管理人员着装

行为规范标准：参照部队日常站、坐、行标准要求，制定变电运维人员日常行为规范，要求运维人员站姿标准，参照军姿要求执行，参加所有会议、座谈和专题研讨时坐姿应端正，上身自然挺直，双手放置桌面或垂直放置于自身双腿面，记录笔记时应保持正确书写姿势，杜绝单双手支撑或趴卧式方式出现。接受调度指令和汇报时应使用规范用语。工作中应使用普通话，工作汇报、工作安排和接听电话时声音应清晰、语速要适中，语意要明确。

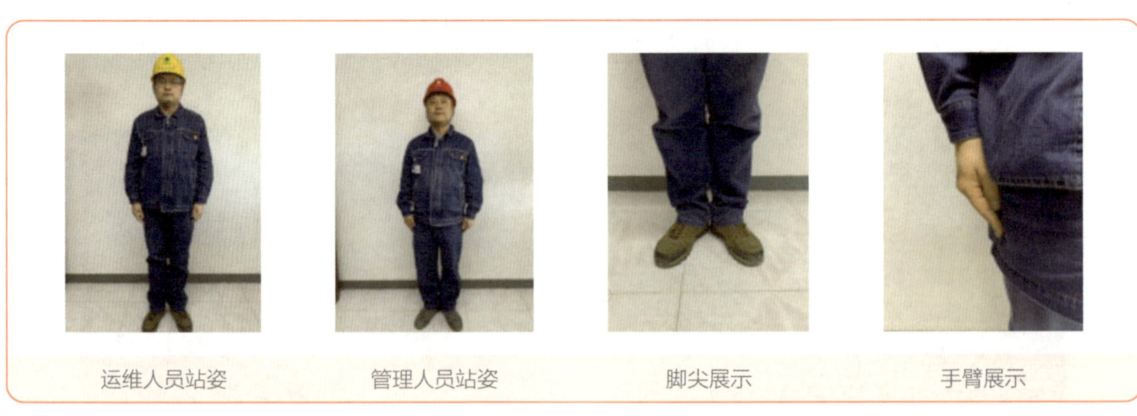
运维人员站姿　管理人员站姿　脚尖展示　手臂展示

实践案例

贺兰山运维中心变电运维班组每日开展“四个五分钟”、消灭“小胖子”、晚自习等系列活动。早起“四个五分钟”分别是五分钟军训、五分钟晨跑、五分钟广播体操及五分钟学唱“三大纪律、八项注意”歌曲，班组全员当班人员八点半之前完成上述锻炼，随后开展站内巡视工作。通过一段时间的坚持，成效显著，职工体重指数 BMI 合格率从 50.7% 升至 74.2%，“消灭小胖子”成果显著，且整个班组精神面貌明显改观，工作效率明显提升。大家对这种方式及效果喜闻乐见，纷纷响应，最后形成“健体魄、强精神、炼意志”专题活动，在整个变电运维专业中推广，效果良好。

2. 严明工作纪律

严格执行运维人员“三大纪律、八项注意”，要求运维人员严格遵守国网宁夏电力制定的各项规章制度，深化员工劳动纪律管理，严格值班纪律，严守岗位要求，推动运维队伍的“精、气、神”向军人看齐，让“军人气质”内化于心、外化于行。

国网宁夏电力检修“三大纪律、八项注意”歌

严明运维人员工作纪律，树立高度的责任意识，向部队看齐。加强安全培训，做到“三不上岗”（安全培训未开展不上岗，安全规章制度不掌握不上岗，安规、两票培训不合格不上岗）。严格执行倒闸操作管理规定，杜绝恶性误操作事件发生。严格日常管理和检查，扎实开展“四个一”（每日组织一次班前会、每周组织一次内务检查、每季开展一次作风纪律回头看、每年开展一次对标评比）活动，培养运维人员高效的执行能力，顽强的工作作风，过硬的战斗精神，形成团结、紧张、严肃、活泼的工作氛围。

◉（二）打造变电运维场所整齐环境

打造“运维准军事”，依托班容站貌整治、生产生活场所定置管理的方法，加强变电站整洁、舒适程度，形成“有人站精致，无人站简洁”的办公生产环境。

1. 班容站貌治理

结合站际竞赛、标杆站建设等劳动竞赛，滚动开展老旧变电站站容站貌治理，严格执行《变电站站容站貌治理参考规范》，逐站制定治理方案，细化治理措施，加强过程管控，确保整改质量，按照“有人站精致，无人站简洁”的班容站貌整改标准，提升变电站及运维班组驻地软硬件措施，营造良好的工作生活环境，使运维人员爱岗敬业，以站为家。

2. 生产场所定置管理

对所辖变电站办公、生活区域进行定置化管理，形成摆放标准、归类整齐、外形统一、管理规范的定置化管理要求和执行办法，推进运维准军事定置化管理。要求变电站场所做到标识清晰统一，室内清洁整齐，场地干净平整，对生产区域、办公区域等方面进行标示管理，形成标示清晰、标志明确、指示到位的军事化展示效果。

办公区域执行定置化管理要求，办公室、主控室、会议室等场所均应纳入定置管理范畴，按照实用性对各类物品摆放进行定置，如办公场所应有规范的门牌标识，室内设备设施应按实际需求进行定置布置和摆放，主控室内主控台应摆放整齐，物资资料柜内物资应合理配置，安全帽应入柜或入架管理并分色分层布置，办公会议室桌面应保持干净。

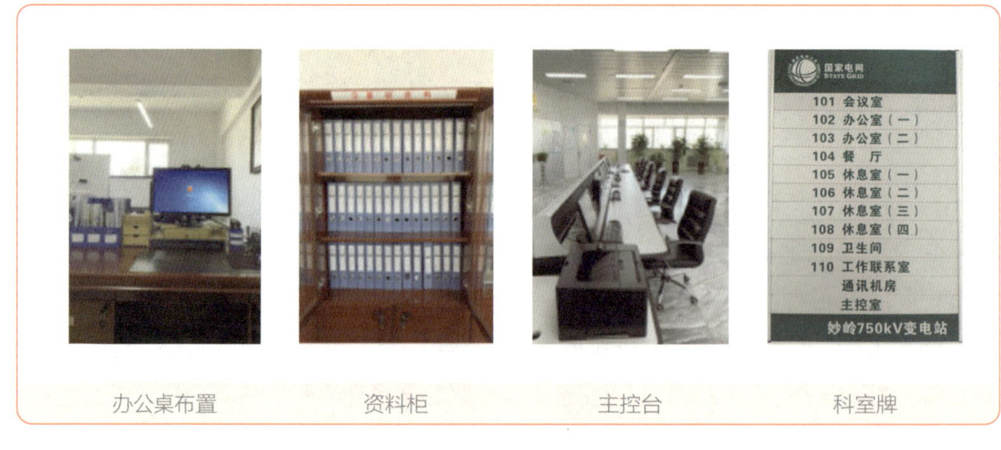

办公桌布置　　资料柜　　主控台　　科室牌

变电站一、二次设备标示牌应覆盖全面，并命名规范，所有辅助设施应按照统一管理需要按顺序编号标示。设备区应按照国家电网有限公司标示化管理规定相关要求执行，设置道路边缘警示线、巡视通道指示线及各类阻隔线，并在适合位置设置指示牌，提醒作业人员注意事项，站内应合理设置硬质围栏。

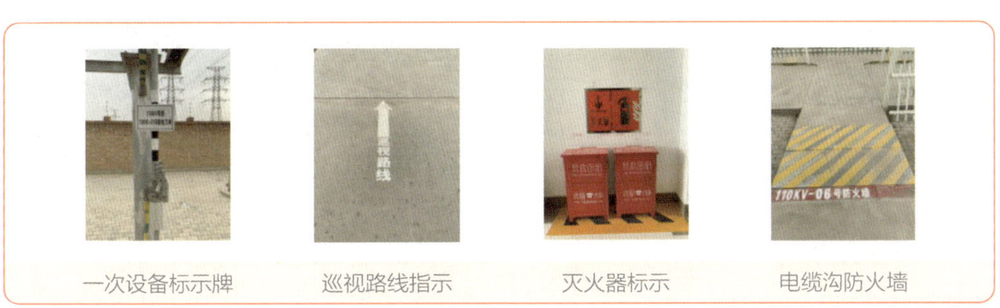

一次设备标示牌　　巡视路线指示　　灭火器标示　　电缆沟防火墙

（三）严抓变电运维业务标准流程

打造“运维准军事”，常态化推行标准化作业流程，树立“现场作业不执行标准化作业 = 违章”的理念，突出标准化作业的权威性、全员性。梳理事故应急处置标准化流程，固化流程，提高变电运维专业应急处置效率。

1. 运维业务标准规范

针对变电运维专业日常工作中的相关业务，推行标准化作业，修订完善交接班、巡视切换、倒闸操作、安全管控、生产准备、设备验收各类例行作业标准化流程，常态化开展标准化作业训练，使标准化作业理念入脑入心，做到行动统一、步伐一致，促进标准化作业落地。

（1）交接班应做到“三交”“四清”“五不接”。

（2）巡视、切换工作应严格按照巡视路线，规范开展设备巡视、切换工作，落实缺陷全过程闭环管理措施，全面跟踪设备故障、异常等运行工况，及时汇报故障异常信息和处理情况。

（3）倒闸操作严格执行倒闸操作监护、复诵等“八要八步”要求，落实防止电气误操作十二项措施，按照《变电倒闸操作现场作业风险管控实施细则（试行）》，编制 I~V 级变电倒闸操作现场作业风险管控流程图，确保人员到位、措施到位、管控到位。

❶ 准备阶段

» 自身检查

（1）操作前，监护人、第二监护人、操作人检查自身着装是否符合要求。男职工头发长短适度，不得蓄须，不得纹身，不留长指甲。女职工佩戴安全帽时，应将头发梳理整齐并盘起。

（2）监护人和操作人相互检查、监督精神状态和情绪，发现有不适于操作的情况应立即停止操作，并向班组长汇报。

» 工具检查

监护人和操作人共同检查录音器（笔）、印章等相关工具完备、良好。

❷ 受令阶段

三人列队到达主控室，上身坐直，两腿伸直，两手放在桌面上，半坐在椅子上。电话录音、互通姓名、接受正式调度操作命令、受令复诵、确认操作任务。

受令人：（通话并录音）。您好，我是宁东运维班当值值班长 ×××，现已到达实训 110kV 变电站。

发令人：您好，宁东地调 ×××，现在向你下达操作指令，做好记录准备。

受令人：已做好记录准备，请讲。

发令人：现在是 ×× 时 ×× 分，第 ×××××× 号令，操作任务实训 110kV 变电站实训线 111 断路器及线路转检修。操作内容第一项实训 110kV 变电站实训线 111 断路器及线路由运行转检修，是否明白？

受令人：明白，现在开始复诵。×× 时 ×× 分，接宁东地调第 ×××××× 号令，操作任务实训 110kV 变电站实训线 111 断路器及线路转检修。操作内容第一项实训 110kV 变电站实训线 111 断路器及线路由运行转检修。

发令人：正确，执行。再见。

受令人：再见。

整个唱诵、复诵过程，声音洪亮，指示正确。

③ 审核阶段

监护人：“起立”。三人起立。

监护人：“先左转，齐步走”。

三人起立，齐步走，走到宽敞处，第二监护人、操作人与监护人面对面。

监护人：本次操作由值班员 ××× 担任操作人（伸出右手指向操作人），由值班长 ××× 担任监护人（伸出右手指向自己），值班长 ××× 担任第二监护人（伸出右手指向第二监护人）。介绍今天操作的内容，给两人分配工作，操作人负责准备操作票、防误系统模拟、安全工器具准备；第二监护人负责全程监护，发现违反安规情况，立即制止。现在进行危险点分析和注意事项交代。本次操作主要危险点有：本次操作范围为实训线 111 线路间隔；111－3 隔离开关线路侧带电，111－1 隔离开关母线侧带电；操作时注意核对设备名称和编号，不能走错间隔；操作时必须使用安全工器具，注意安全防护。是否明确？

操作人：“明确”及加以补充。

操作人（开始准备操作票）

操作人归队后将操作票双手递给监护人，监护人检查操作票，无误后口述“操作票审核正确”，同时三人签字。

现场操作开始前，由监护人填写发令人、受令人、发令时间、操作开始时间。

操作人开始防误模拟，监护人及第二监护人在操作人座位后面进行监护。

监护人：移步至五防电脑处。

操作人：模拟接线图在此。

监护人：现在开始模拟预演。操作任务实训 110kV 变电站实训线 111 断路器及线路由运行转检修。

操作人：操作任务实训 110kV 变电站实训线 111 断路器及线路由运行转检修。

监护人：核对现场运行方式与模拟屏一致。

...... 直至模拟结束。

模拟结束，操作人将手持电脑钥匙双手递给监护人，同时操作人走到监护人右侧，由监护人喊口令起步走，走向安全工具室。

操作人向前一步走，打开柜门，依次取出安全工器具，并进行检查安全工器具。

监护人：检查安全工器具。

操作人：明确。绝缘手套，试验日期合格，外观良好，气密性良好。验电器，电压等级 110kV，试验日期合格，声光报警正常，拉伸正常（拉伸 2~3 次）。

直至所有安全工器具准备完毕。

操作人进入队列，由监护人下令操作地点转移“×××处”“齐步走”，到达下一处操作地点前，操作人在前，监护人在后，到达操作位置，应认真核对。

❹ 倒闸操作阶段

到达目标地点处，监护人提示“确认操作地点”，操作人向前一步走，手指设备标示汇报“×××处”（例“实训 1 号主变压器 101 开关处”或 ××× 刀闸、××× 保护屏、监控后台 ××× 间隔处），监护人再次确认后回诵“正确”。并向监护人及第二监护人示意工作地点在此，监护人及第二监护人在其正后方，监护其操作。

操作人、监护人认真履行倒闸操作复诵制，监护人唱诵操作内容，操作人用手指向被操作设备并复诵，监护人确认无误后发出“正确、执行”动令，并将电脑钥匙交给操作人，操作人立即进行操作。电脑钥匙开锁前，操作人应核对电脑钥匙上的操作内容与现场锁具名称编号一致后开锁。

操作人在操作过程中需要使用安全工器具时，需双手从第二监护人手中拿取，使用结束后再归还监护人。

操作人在核对位置信息时，需单手五指并拢，依次向监护人和第二监护人进行确认。

所有操作结束后，监护人和操作人共同检查后台变位正确，光字、报文信息无异常后，监护人、操作人应再次按操作顺序复查，回顾操作步骤和项目无遗漏，仔细检查所有项目全部执行并已打“√”后，确认实际操作结果与操作任务相符。

监护人：现在开始进行复查。

操作人：111-1隔离开关在“分”，111-03接地刀闸在“合”，111断路器机械指示位置在“分”。111-3隔离开关在“分”接地刀闸在“合”，111断路器电气指示位置在“分”。

监护人：正确。

监护人：现在进行操作复核。

操作人：手指一次系统模拟图：实训线111线路及断路器确在检修状态，复核完毕。

监护人：正确。

❺ 汇报总结

全部操作完毕并复查无误后，监护人在操作票上填写操作结束时间，并向值班调度员进行操作汇报。汇报结束后填写操作指令记录，执行完毕后在操作票上盖“已执行”章。

》汇报

受令人：您好，我是宁东运维班当值值班长××。

发令人：您好，我是地调××。

受令人：××时××分，第××××××号令，操作任务实训110kV变电站实训线111断路器及线路转检修。操作内容第一项实训110kV变电站实训线111断路器及线路由运行转检修，已执行完毕，均正常。

发令人：收到，××点××分，实训110kV实训线111断路器及线路由运行转检修执行完毕，均正常。好的，再见。

受令人：明白，现在开始复诵。××时××分，接宁东地调第××××××号令，操作任务实训110kV变电站实训线111断路器及线路转检修。操作内容第一项实训110kV变电站实训线111断路器及线路由运行转检修。

发令人：正确，执行。再见。

受令人：再见。

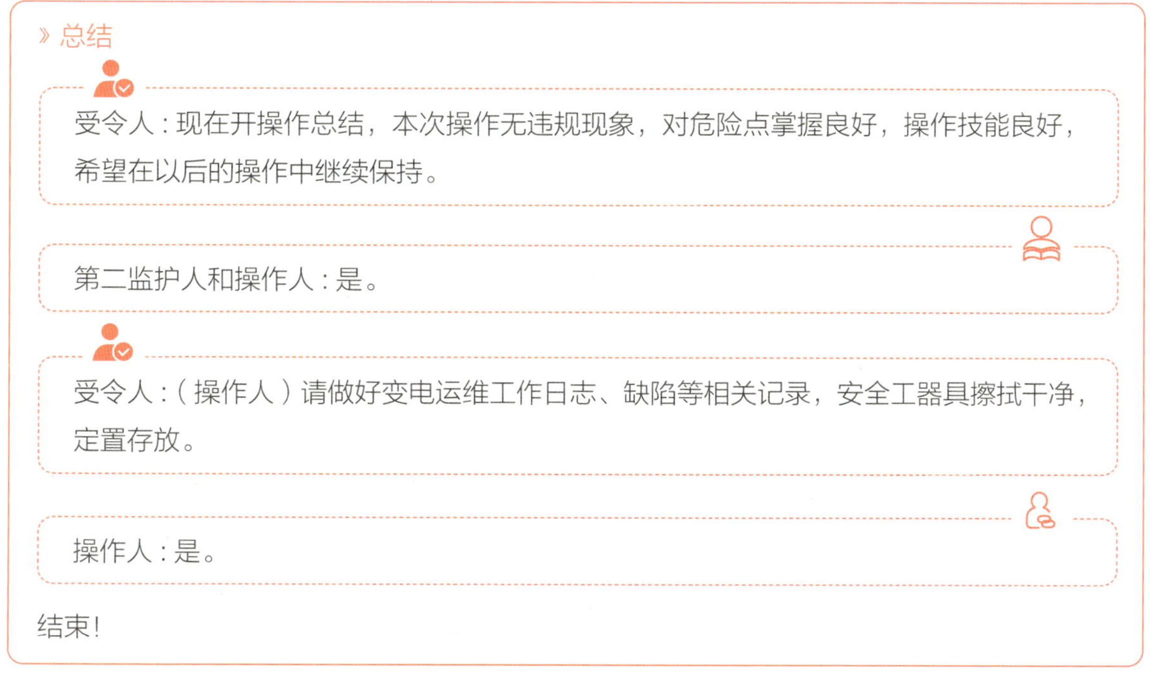

》总结

受令人：现在开操作总结，本次操作无违规现象，对危险点掌握良好，操作技能良好，希望在以后的操作中继续保持。

第二监护人和操作人：是。

受令人：（操作人）请做好变电运维工作日志、缺陷等相关记录，安全工器具擦拭干净，定置存放。

操作人：是。

结束！

（4）现场安全管控时严格执行作业现场标准化建设，重点明确变电站安全措施、安全标志、设备设施标志、辅助设施、生活环境等方面的标准化要求，开展在运变电站标准化达标建设，确保现场管控到位。

（5）针对基建工程，应结合公司各级部门要求及班组（变电站）实际需求，编制变电站生产准备标准化手册，明确生产准备管理要求和物资配置标准。

（6）严格执行变电验收通用管理规定及细则，细化工作步骤，量化关键工艺，逐项执行验收标准卡，确保设备验收质量。

（7）梳理各级管理制度要求，补充完善管理空白，明确消防、防汛物资、仪器仪表等配置标准，定期开展账卡物一致性核对，确保配置到位、维护到位。

（8）在现场发生异常及故障情况时，变电运维人员应快速响应，迅速准确开展应急处置。应做好信息报送工作，按照标准化汇报模板及时报送相关调度、集中监控及各级管理人员，并在值班调控人员统一指挥下开展事故处理；应快速做好事故分析，及时收集故障信息并分析研判，确定故障部位及影响范围；应迅速按照调度指令完成故障点隔离，将无故障设备恢复送电。运维人员应重视日常应急演练，固化事故处置标准化处置流程，“练兵千日，用兵一时”，迅速高效完成事故应急处置。

实践案例

2021 年 5 月 11 日深夜，黄河运维中心所辖某变电站 2 号主变压器发生轻瓦斯告警，该站较为偏远，检修人员从接到通知后至到站处理共花费 3h。本次事故处理后，该班组人员反思处置过程，根据实际情况，制定轻瓦斯告警“五个一”标准化作业方法，具体内容为：编写各站轻瓦斯应急处置卡，简化为一页操作手册，便于现场应急使用；开展一次现场培训，并利用检修契机开展告警信号检查实操考试；将各站轻瓦斯告警接线整理粘贴为一张显著标签、明确各站图纸存放点；随机至各站开展一次无脚本轻瓦斯告警应急演习，确保现场人员时刻处于一级响应状态，在接收告警第一时间正确、有序、迅速地完成应急检查及判断。

2021 年上半年，黄河运维中心组织开展轻瓦斯告警演习 6 次，开展随机无脚本轻瓦斯告警演习 8 次，参与演习成员 65 人，达到全员覆盖，作业流程规范性明显加强。

“五个一”确保处置可靠、有效：
一页手册、一堂培训、一张标签、一次演习、一级响应

查后台 ➡ 查装置 ➡ 查瓦斯 ➡ 查油位 ➡ 查回路 ➡ 判结果

2. 工作汇报明确高效

变电运维人员现场开展工作汇报时，应明确流程，总结重点，执行碰面汇报制，即在各工作场所遇到来访领导时根据具体情况，当面进行汇报。接待来访领导时，在场人员应主动站起（停下）迎接并表示问候，站姿应挺直，双手自然下垂身体的两侧，对来访领导要礼貌，从容大方。

汇报前首先应进行简单的自我介绍，并合理安排其他同事继续有序开展工作，汇报时应做到正确无误，语言流利。

示例

我是××变电站值班长（职务）×××（姓名），下面由我向领导汇报工作，请×××（其他同事）继续执行×××工作。

迎检时汇报情况各有侧重点，应汇报变电站运行方式，负荷情况，值班人员、到岗到位人员，工作开展情况，以及其他需要重点汇报的内容。根据迎检现场或迎检地点不同，主要分为主控室现场汇报、巡视现场汇报、工作管控现场汇报三种。

汇报模板

① 主控室现场汇报

汇报要点

应重点介绍现场运行方式、负荷情况及在岗人员情况，并简要汇报现场工作情况。

示例

××变电站共有4个电压等级，分别是750、330、66、35kV，站内有主变压器2台，单台容量700MVA，总容量4200MVA。750kV及330kV系统为二分之三接线形式，均采用HGIS设备，750kV共有出线××回，分别为××线（是否配置高压电抗器）。330kV共有出线××回，分别为×××线。66kV系统为敞开式设备，连接站用变压器及并联无功补偿设备，共有××台站用变压器、××台电抗器及××台电容器，35kV为外接站用电源。

××变电站目前负荷为×××MVA，主要是×××性质负荷（或×××方式传输的负荷）。

今日站内共有值班人员3人，分别是×××和×××，今日到岗到位人员为×××，现场开展的工作是×××，汇报完毕，请领导指示。

② 巡视现场汇报

汇报要点

应说明设备运行情况，设备巡视要点，设备缺陷、隐患等重点信息。

示例

现在正在进行的是×××设备××巡视工作，×××设备运行正常，设备巡视要点是×××，设备存在×××缺陷（或隐患），运维人员采取了×××措施。汇报完毕，请领导指示。

③ 工作管控现场汇报

汇报要点

简要说明现场工作内容、工作班组、负责人、人员等情况，重点汇报工作进度，现场管控措施，及工作成效等内容。

示例

现在正在进行××现场管控工作，现场工作班组为×××，工作负责人为×××，工作任务为×××，工作进度为×××，执行的管控措施有×××。汇报完毕，请领导指示。

实践案例

2022 年 03 月，六盘山运维中心所辖某 750kV 变电站在母线轮停、主变压器停电等大型检修作业期间，运维人员执行准军事化汇报要求。每日班前会，值班负责人组织在值人员梳理当日作业风险点及现场管控要求，结合运维准军事规范化汇报模板中规范化的语言表达，辅助梳理工作流程，掌握当日工作重点信息。

公司领导或管理部室人员到访时，由值班负责人按照汇报内容简明扼要地汇报现场工作执行情况，表达准确、重点突出，使来访人员快速掌握现场情况。

现场运维人员向到岗、到位人员汇报现场情况

（四）提升变电运维准军事管理

“练兵之法，管之为要”，运维准军事能不能“打仗、打好仗、打好胜仗”，管理往往起着关键作用。国网宁夏电力加快现代设备管理体系建设，推进变电运维人才队伍建设，练就一批业务精、实力强、作风好的变电运维准军事队伍。

1. 坚持抓思想认识

变电运维准军事管理，首抓人员思想，以讲学练形式深挖变电运维准军事化作用内涵，定期组织文件精神宣贯、各公司互相参观学习借鉴，把准军事化的精神内涵深入到每一位基层员工，强化准军事对人员行为、精神状态、专业技能带来的巨大作用，以抓思想认识提高变电运维人员对准军事的全面落实。

2. 坚持抓安全入心

从人身、设备、环境多方面下手，狠抓安全，全面梳理安全管理规章制度，定期开展安全考试、安全主题日活动，学习事故通报开展安全大讨论，编制反违章安全措施小手册，细化安全措施，让安全思想认识落在运维人员心坎里。

三、工作成效

紧扣主网运维安全，实施“运维准军事”管理，从人员队伍作风着手，实现运维队伍作风形象军事化，人员行为规范化，作业流程标准化，树牢变电运维人员令行禁止的规矩意识，让“军人气质”内化于心、外化于行，使标准化作业入脑入心，全面提升员工队伍执行力、安全管理穿透力和电网风险管控力，有力保障了电网设备运维。

（一）作风形象持续提升

推行运维准军事，持续加强队伍作风建设，按照“一支部一特色、一站一文化”的思路，打造独具特色的班站文化，通过提炼班站核心价值体系，促进班组向心力、凝聚力、战斗力提升，为班站良好形象和口碑付诸行动。定置摆放让人“耳目一新”，站容站貌治理让人“眼前一亮”。施行办公生活场所定置管理，大到办公桌椅，小到牙刷摆放，做到班容站貌“五净”“五齐”。有序开展变电站站容整治工作，做到环境整洁，场地平整，道路畅通，标示清晰，照明等设施完好，全面提升站容站貌及文明生产水平。

隆德 110 kV 变电站站容站貌治理前

隆德 110 kV 变电站站容站貌治理后

（二）人员行为明显改善

推行运维准军事，制定行为规范标准，多措并举提振人员精气神。通过站军姿、走正步、整理内务等军事化管理方法，统一着装、统一行为规范、统一内务标准等具体举措，规范员工日常行为，铸就运维队伍新风貌。员工队伍做到工作纪律严明，讲政治，树立“电网安全关系国家安全”的大局意识，开展“变电运维特种兵”训练营，全面践行运维管理“三大纪律、八项注意”，提升变电运维人员遵章守纪、令行禁止的规矩意识。强调接待迎检规范大方，从人员姿态、检查汇报、接待引导、总结回顾等方面的相对固化军事化迎检流程，按照“内树气质，外树形象”的提升措施，大力推进准军事迎检化的全面实施，展现运维人员良好精神风貌及“军人气质”。

运维准军事竞赛比武

（三）作业流程更加规范

推行运维准军事，严守“现场作业不执行标准化作业 = 违章”的理念，完善标准化作业体系，完成修编标准化交接班、标准化巡视切换、标准化倒闸操作、标准化生产准备等作业流程，使标准化作业理念入脑入心。常态化开展标准化作业训练，形成现场“有标准可依，有流程可循”的工作局面。多专业协同组织开展标准化作业，树牢“军团作战”理念，严格落实安全责任清单及岗位职责清单，严格执行“两票三制”，在现场工作中做到行动统一、步伐一致、协作配合，充分发挥团队力量，攻坚克难，提高运维工作质效。加强过程监督管理，加强现场作业内容、作业标准及作业流程督导检查，突出标准化作业权威性、全员性，加强奖惩力度，形成争当标准化作业先进班组、先进个人的良好氛围，带动变电运维人员争当“安全卫士”“护网先锋”。

（四）运维专业精益管理

推行运维准军事，使准军事化理念深入人心，在运维专业管理中全面落实准军事化要求，树立遵章守纪、令行禁止的规矩意识，全面推进作风形象提升，人员行为规范，作业流程标准迈上新台阶，提升变电运维人员个人执行力、团队凝聚力及企业战斗力，提升运维专业精益化管理水平，为打造具有宁夏特色的设备管理体系提供专业精湛、业绩优秀、结构合理的现代产业工人队伍。

第四章 应急准军事

应急管理是关系国家经济社会发展和人民生命财产安全的大事，是构建社会主义和谐社会的重要内容，对电力企业而言，是践行企业宗旨、维护企业形象的“最要紧”任务。推行“应急准军事”，仿效军队正规化管理，依靠统一规范和严格要求，快速提升队伍战斗力，这既是规范应急工作的核心举措，也是电网安全“保障者”的具体实践，更是推进新型电力系统构建，保障公司高质量发展的根本要求。

一、工作思路

当前，在电力事件应急处置中，普遍存在集结慢、方向偏、处置乱、指挥缺、无章循的特点和问题，这些问题成为制约公司高质量发展的瓶颈和短板。为切实做好应急处置工作，锻造一流的应急抢修队伍，实现“应急响应机制完善成熟、指挥体系运转流畅、现场处置更加高效、队伍作风显著提升、应急保障明显增强、电力应急能力达到西北区域一流水平”的目标，必须依托现有队伍和资源，理顺应急处置流程和机制，改善人员作风，提升应急管理能力，切实保障大电网安全。

基本原则

快速响应，招之即来——内外结合，上下联动，固化工作机制，畅通沟通渠道，通过应急值守、超前谋划，实现应急处置指挥有序，人员队伍响应迅速，抢修工作优质高效。

平战结合，来之能战——居安思危，预防为主，借助岗位练兵、日常练兵、应急抢险，不断锻造应急队伍严明纪律作风、高超业务技能，确保来之能战。

处置高效，战之必胜——统一领导，分级负责，持续优化管理流程，逐级落实岗位责任，实行事故分级响应，有序开展信息资源收集、汇总，为事故指挥提供坚强支撑。

装备精良，管理有序——贴近实战，立足专业，配置先进作业装备，应用先进作业机械，打造实用好用作业工具，快速投入抢修现场，以装备精良推进抢修质效升级。

集思广益，创新有方——依靠科技，提高能力，通过新装备、新技术、新思路、新工法，提升应急能力和效率。

综合全面，保障有力——精准研判，统筹兼顾，深入分析各类风险，深化作业安全与后勤保障，增强政治敏锐性，持续提升舆情防控能力。

二、工作举措

应急准军事具体做法包括分级响应、机动指挥、专家会商、梯队抢修、信息共享、区域协同、作风军事、装备定置八个方面。

应急准军事“八制”工作思路

机动指挥制	分级响应制	梯队抢修制	作风军事制
装备定置制	信息共享制	区域协同制	专家会商制

（一）分级响应

分级响应是根据设备故障发展及影响范围，对突发事件分级，针对不同级别故障，采取不同应对措施的处置机制。

1. 原则

分级响应遵循“科学分级、迅速响应”的原则，针对不同电压等级、不同类别的突发事件，按照属地为主、分级负责、专业主导的要求，做到快速反应、高效处置。

2. 分级方法

结合电力系统特点及突发事件处置经验，为最大程度降低损失和影响，将突发事件分为Ⅰ、Ⅱ、Ⅲ级。

Ⅰ级突发事件

有下列情形之一者，为Ⅰ级突发事件：

- 330kV 及以上变电站全停；
- 直流单、双极闭锁；
- 750kV 及以上主变压器、线路跳闸；
- 330kV 及以上母线被迫停运；
- 330kV 主变压器跳闸（不满足 $N-1$ 要求）；
- 330kV 双回线路跳闸；
- 110kV 双母线被迫停运。

Ⅱ级突发事件

有下列情形之一者，为Ⅱ级突发事件：

- 330kV 主变压器跳闸（满足 $N-1$ 要求）；
- 330kV 重要用户线路跳闸；
- 110kV 单母线被迫停运；
- 110kV 重要用户线路跳闸。

Ⅲ级突发事件

有下列情形之一者，为Ⅲ级突发事件：

- 330kV 非重要用户单线路跳闸；
- 110kV 非重要用户及 35kV 新能源线路跳闸；
- 35、10kV 母线、单间隔设备故障；
- 其他指挥部认为有必要响应的临时性事件处置。

突发事件分级标准

（二）机动指挥

机动指挥是指根据突发事件处置需要，灵活调整应急指挥部设置方式和参与指挥人员的机制。指挥部包括应急指挥部和现场指挥部，指挥人员包括总指挥和相关成员。

组织应急技能竞赛

1. 原则

机动指挥遵循“专业参与、动态调整”原则，针对突发事件等级差异化组建，可根据突发事件处置情况决定是否设立现场指挥部。

2. 组织构成

根据突发事件等级不同，成立由不同人员组成的应急指挥部和现场指挥部，灵活指导应急处置。

机动指挥组织构成

等级	应急指挥部		应急指挥部	
	总指挥	成员	总指挥	成员
Ⅰ级突发事件	公司主要负责人	专业分管领导、安全监督部门、设备管理部门、指挥调度部门、后勤服务部门及专业部室负责人	专业分管领导	安全监督部门、设备管理部门、事件处置部门
Ⅱ级突发事件	主管生产副总经理	安全监督部门、设备管理部门、指挥调度部门、后勤服务部门及专业部室负责人	专业分管领导	安全监督部门、设备管理部门、事件处置部门
Ⅲ级突发事件	主管生产副总经理	安全监督部门、设备管理部门及专业相关人员	设备管理部门负责人	安全监督部门、检修及运维单位

3. 指挥流程

应急指挥部由设备管理部门牵头成立。突发事件发生后，设备管理部门第一时间启用“应急工作”微信群，快速发布事件简要信息，并及时电话汇报应急指挥部，召集相关专业负责人在指挥部集结，应急指挥部设在应急指挥中心或运检指挥中心。应急指挥部以“指挥令”的方式下达应急抢修指令和任务分配，各部门负责人（应急响应人）应快速、准确执行抢修指令和工作任务，并及时反馈执行结果，确保反馈信息的正确性和及时性。

各专业部门负责人是本专业突发事件紧急处置第一责任人，突发事件发生后各专业部门负责人第一时间组织抢修队伍，收集事件信息，开展应急处置工作。在接收到事故应急指令后，各部门安排相关人员赶赴现场，组织开展现场的应急抢修工作。持续时间超过三天时，现场抢修工作负责人组织开展应急抢修日报编制，日报应涵盖每日抢修工作开展情况、工作进度、存在的问题、需要协调解决的事项等。

抢修工作结束或转入常态化检修后，应急指挥部工作职责完成，应急指挥部发布应急响应终止指令。

实践案例

某换流站 HP24/36 小组滤波器自动分闸过程中，大组滤波器母线保护及该小组滤波器差动保护同时动作跳闸，大组滤波器进线断路器及各小组断路器均跳闸，未损失负荷。

依据突发事件分级标准，该起设备跳闸事件为 I 级突发事件，依据应急处置管理规定，立即成立由公司总经理为总指挥的应急指挥部，对设备跳闸后的现场检查、原因分析及抢修工作进行总体协调。经现场检查，该起跳闸事件是由于 HP24/36 小组断路器内部故障造成对地放电引起。故障断路器已无法继续运行，需更换。现场立即成立由分管检修专业的副总经理任总指挥的现场指挥部，负责故障断路器的更换工作。现场成立指挥部后，应急处置的职责也同步移交至现场，此时应急指挥终结。

（三）专家会商

专家会商是指针对突发事件，召集公司内、外部专家、厂家、管理人员进行商讨、决策事件下一步处置措施的机制，确保突发事件高效、迅速处置。

1. 原则

专家会商遵循“按需开展、组织有序、简洁高效、闭环管理”的原则。

2. 专家会商方式

专家会商分为指挥部会商、现场会商和远程会商三种方式。会商通常以会议形式开展，由指挥部根据实际需求决定会商方式。

（1）指挥部会商一般由应急指挥部组织，根据电网、设备、突发环境、人身伤害等事件严重程度和事件发生、发展不同时期的具体情况以及应急抢险等工作需要，部署相关工作。

（2）现场会商一般由现场指挥部或设备管理部门组织，是指根据现场处置过程中出现新情况、新问题、技术难题需要集体讨论时各方进行的会商。

（3）远程会商一般由设备管理部门组织，根据突发事件处置需要，以电视、电话、网络等形式进行的会商。

3. 专家会商要求

（1）会商组织部门应提前确定议题，拟定议程，邀请参会部门和参会人员。

（2）应急会商应由专人负责，提前收集突发事件信息，如现场设备情况、保护动作信息、故障录波文件等；组织各专业上报突发事件处置相关图纸、说明书等资料，远程会商、现场会商还应准备相关文档和报告，确保会商前准备充分，会商时有序高效，会商决议落到实处、取得实效。

（3）会商会议作出的各项决策部署，应迅速布置，立即落实，及时反馈，闭环管理。

（4）信息发布、数据上报一律以会商结果为准，任何单位或个人不得违背会商结果擅自处置。会商工作涉及秘密和敏感事件的内容要严格遵守保密制度。

（5）会商会议应形成专项会议纪要，会议纪要保存在设备部，存档1年。

实践案例

某日20:30，检修人员在某750kV变电站开展油色谱离线检测工作时发现某台750kV线路高压并联电抗器乙炔含量超过告警值。经2次复测，油中乙炔气体组分含量依旧严重超标，且有连续增长趋势，初步判断电抗器内部发生低能量放电。依据《变电一次设备标准缺陷库》，高压电抗器乙炔超标为危急缺陷。该缺陷严重危及设备安全运行，公司及时启动会商机制，邀请科研机构、变压器专家、设备厂家紧急进行远程会商。经与会专家认真分析和充分讨论，判断电抗器内部可能存在故障，需将乙炔含量异常的高压电抗器停用，并进行返厂检查。次日21:54紧急申请将线路停运，并制定使用备用相更换的解决方案。

（四）梯队抢修

梯队抢修是指突发事件处置时，各专业抢修队伍分批次、分阶段赶赴现场开展抢修作业的一种机制。

1. 原则

梯队抢修遵循“机动灵活、组织有序”的原则。

2. 梯队抢修构成

应急抢修队伍按照“侦察兵 + 先遣组 + 支援队”的三级梯队抢修模式开展事故抢修。

（1）第一梯队发挥“侦察兵”作用。突发设备故障时，第一梯队为现场工作的运维检修人员，现场无工作人员时可协调就近变电站或运维站人员参与。第一梯队抢修人员主要职责包括：负责现场设备状况、保护动作情况、负荷损失情况检查，故障特征核实，保护故障现场，保存原始记录，查找相关设备图纸，随时保持和调度的联系，做好设备倒换和退运等操作。

（2）第二梯队发挥“先遣组”作用。第二梯队为应急值班人员，在接到应急指挥部的紧急增援指令后，上班期间 0.5h、下班期间 1h 内在公司集结出发。第二梯队抢修人员主要职责包括：携带备品备件、工器具、仪器仪表及必要的照明设备等抢修物资，开展设备检查、故障设备隔离、现场处置等工作，并实时向应急指挥部汇报。

（3）第三梯队发挥“支援队”作用。第三梯队为各专业骨干抢修力量。第三梯队主要作为复杂大型抢修的补充力量，必要时出动，强调综合保障。第三梯队抢修人员主要职责包括：准备大型备品备件、特殊机械、特种作业车辆等应急资源，赴现场参与应急处置，后勤服务部门作为第三梯队主要成员应视处置情况适时安排后勤保障，必要时安排应急餐车赶赴现场。

灵州换流站滤波器场断路器抢修

3. 梯队抢修工作要求

（1）强化应急纪律。各专业检修人员均纳入三级抢修梯队管理，严格按照梯队抢修要求开展抢修工作，不得以各种理由拒绝执行响应。

（2）合理安排大型抢修器械。大型起重车辆（吊车）以“就近调派”为原则，在各作业区域提前备案特种作业车辆，接到应急指挥部指令后第一时间赶赴变电站。

（3）强化沟通协调。应急抢修队员在突发事件处置时应加强沟通，确保信息畅通，及时向指挥部汇报处置开展情况。信息沟通可通过电话、视频、微信群等方式开展。

（4）合理安排撤离。应急抢修结束后，各梯队将现场清理完毕，有序撤离，若晚于 21 时可就近驻扎，到达驻地后及时向指挥部汇报。

（5）总结和评估。应急抢修任务完成后，应及时开展应急抢修工作总结和评估，并在 3 天内报送设备管理部门及安全监督部门。

（6）奖励和表彰。对于应急抢修队员在应急抢修行动中作出突出贡献的，按安全奖惩实施细则给予表彰与奖励。

实践案例

某换流站无功控制自动投切过程中发生设备跳闸，经现场检查发现断路器 B 相有放电痕迹。当日该换流站内有检修工作，跳闸事件发生后，现场检修人员发挥“侦察兵”作用，及时启动应急响应，对现场一二次设备进行初步检查、收集保护动作信息和故障波形，及时向公司应急指挥部汇报现场情况和设备跳闸后造成的影响。36min 后，公司安排电气检测专业人员作为“先遣组”，携带必要的检测设备快速奔赴现场开展断路器气体取样和高压试验工作，检查断路器受损情况和跳闸原因，做好故障设备的隔离，先行恢复正常设备的运行。待确定跳闸是由于断路器内部故障引起且断路器无法继续运行后，公司再次组织检修人员作为“支援队”协调吊车、SF_6 气体回收车、机具、备品备件等器械和物资，开展断路器抢修工作。

（五）信息共享

信息共享是指在突发事件处置时，利用信息化、在线化、智能化资源，广泛收集设备、电网故障、台账、备件、视频等信息，并及时发布，指导现场快速处置的策略机制。

1. 原则

信息共享遵循“注重时效、准确全面、依法合规，责任到人”的原则。信息共享主要包括指挥部指令信息、应用系统信息、事件报送信息、现场反馈信息、沟通协调信息、后勤保障信息、异常预警信息及隐患排查信息。

2. 信息载体

突发事件处置时，全面畅通信息平台，充分借助信息化、智能化手段，多平台、多通道、多系统全面获取信息，主要包括生产管理系统（PMS）、D5000系统、在线监测系统、统一视频平台、安全风险管控平台、移动视频终端、保信子站、智能运检系统、输电智慧巡检系统等。

（1）PMS：通过PMS可查阅设备台账和历史检修记录，设备台账信息主要包括设备结构、型号、生产厂家、出厂时间及投运时间等。

（2）D5000系统：通过D5000系统查阅电网运行方式和负荷损失情况，判断突发事件的影响范围和严重程度。

（3）在线监测系统：通过在线监测系统可查阅故障设备运行监测数据，主要包括变压器（换流变压器）、油浸式电抗器的油色谱在线监测数据和避雷器阻性电流在线监测数据。

（4）统一视频平台：通过统一视频平台可调阅变电站视频监控画面，查看设备故障前后的视频信息，为判断设备故障原因或故障起始时间提供直观证据。

（5）安全风险管控平台：通过安全风险管控平台可掌握作业过程资料，查询工作票、作业人员、安全交底、方案编制、现场勘查等过程资料，为现场督查及事故调查提供依据。

（6）移动视频终端：通过移动视频终端可获取突发事件处置现场画面，可根据指挥部指令，随时调整移动视频终端位置，向应急指挥部实时传输并记录现场应急处置过程。

（7）保信子站：通过保信子站查阅设备故障录波文件，判断设备故障相别、故障原因、故障发展过程及严重程度。

（8）智能运检系统：通过智能运检系统查阅与故障设备同型号、同厂家的设备、历史试验报告及历史缺陷记录，便于开展设备家族性缺陷排查和设备状态评估。

（9）输电智慧巡检系统：通过输电智慧巡检系统查阅输电线路监控画面及无人机巡检画面，便于开展输电线路故障点排查和判断故障原因。

3. 信息报送工作职责

（1）设备管理部门负责组织各专业对应用系统信息进行分析，根据需要发布沟通协调信息，并根据指挥部要求发布相关信息。

（2）安全监督部门负责发布突发事件（电网事件或设备事件）的定性与定级结果，负责安全风险管控平台信息收集。

（3）指挥调度部门负责收集 D5000 系统与宁夏电网智能运检系统信息及 PMS 台账，通过统一视频平台实时掌握现场状况，汇总其他应用系统信息，发布故障报送信息与异常预警信息。

（4）后勤服务部门负责发布后勤保障信息，并根据应急指挥部要求发布车辆、物资相关信息。

（5）设备检修部门负责第一时间收集所管辖范围内设备数据、试验报告等信息，配合设备管理部门进行数据分析，发布本专业抢修梯队人员、仪器安排信息，发布现场所管辖设备检查信息及人员、物资、装备等沟通协调信息。

（6）设备运维部门负责第一时间发布突发事件简报，收集现场视频监控信息，发布现场检查情况、倒闸操作及完成指挥部指令要求的反馈信息，发布隐患排查信息，需要时布置现场移动视频终端。

4. 信息报送工作要求

（1）所有与突发事件处置相关信息编制时应带有前缀，便于信息分类。

（2）“应急工作”微信群为应急处置信息发布平台，群管理员应为指挥部成员，新成员入群需经群管理员同意。

（3）突发事件处置时，指挥部应在“应急工作”微信群下达正式指挥令，指挥令要明确发令人、接令人、指令内容、发令时间及复令时间等。

（4）突发事件应急响应启动后，设备管理部门在 5min 内发布第一次事件报送信息，在组织收集各应用系统信息后立即发布第二次事件报送信息，在收到现场反馈信息后发布第三次事件报送信息。

（5）现场运维人员发现或接到监控通知后，应在 10min 内将故障简要情况电话汇报指挥调度部门，包括变电站（换流站）名称、设备名称、故障现象、影响范围、判定依据等。由指挥调度部门负责研判，判定是否需紧急停电处理并发布相关信息、启动应急响应，必要时刻扩大研判范围。

（6）运维人员发现突发事故、自然灾害或紧急险情时，应在 10min 内将简要情况电话汇报指挥调度部门，包括事件发生的时间、地点、现象、影响范围、发展趋势、现场天气情况等，指挥调度部门分析研判后发布信息，启动应急响应。

（7）各部门、中心在应急响应结束后，及时发布处置结果、遗留问题及后续工作安排等情况。

实践案例

微信群是目前应用广泛和便捷的通信方式，为高效处置突发事件，国网宁夏电力设置“应急工作群”作为应急处置工作的信息交互平台，公司各级领导及设备管理部门、安监部门、指挥调度部门、检修部门作为常设群员。发生各类突发事件后由指挥调度部门第一时间启用微信群，先行发布已掌握的异常信息，通知相关部门启动应急响应。各专业部门应用统一视频、在线监测、保信子站、故障录波等信息媒体收集信息，并统一在群里汇总，供指挥部成员分析和讨论，指挥部制定的应急处置方案和措施也在微信群内发布，指导各部门有条不紊地开展应急处置工作。

（六）区域协同

区域协同是统筹考虑应急情况与现有的应急资源，积极与公司其他部门人员、系统内其他单位、厂家、设备租赁单位、社会专业救援队伍、医院、公安机关等单位沟通协作，协同开展应急处置工作的联动机制。

1. 原则

区域协同遵循“统一指挥、区域优先”原则。

2. 区域协同对象

突发事件处置时，工作地点距事发地点近的所有相关单位、抢修人员、设备、车辆均可纳入区域联动范围。按照就近、就快原则，从与事件发生地最近距离的单位调集应急力量，开展应急先期处置。确定执行联动抢修任务的作业小组，在保证当前作业安全的前提下第一时间投入联动响应，必要时可调整其他人员完成本作业现场的检修任务。

发生较大事件，可协调其他地市公司或厂家参与应急，相关设备、检修人员、试验场所均纳入协同的范围，应急相关专家队伍也应纳入联动范围，需要协调市政、消防、公安等力量参与联动时，可由应急指挥部根据实际情况下达社会力量联动响应指令，由指挥部成员分别协调开展联动。

3. 区域协同流程

变电设备异常事件时，应按以下原则执行应急联动：

（1）运维人员到达现场后，对事件作出初步分析、判断和汇报，根据事件情况和站内应急力量配置，向应急指挥部提出抢修建议。

（2）指挥部根据站内情况，向专业部门发出区域联动响应，专业部门向事发变电站周边（一般为 60~120min 车程）运维单位或检修队伍发出应急联动命令，各部室负责人或专责立即前往事发地开展现场处置。

（3）检修人员接到联动指令，应迅速完成人员、车辆、仪器、机械、物资等装配，火速前往事发地支援，同时，实时汇报、分享行程，加强与事发变电站沟通，跟进处置进展。

（4）后勤服务部门协调周边单位食堂联动开展后勤保障任务，做好抢修人员用餐、饮水、住宿等安排，并根据抢修进展做好防暑保暖、卫生防疫、帐篷搭建等保障工作。必要时，可抽调厨师、保洁等后勤保障人员参与后勤联动。

（5）如需厂家、地市兄弟单位、外部仪器、外部实验室等资源协调时，由设备部协调，必要时求助上级管理部门。如发生一些影响铁路、重要用户、人员密集场所的停电，可告知属地地市公司，由其介入做好处置工作。

人员伤亡事件发生时，应按以下原则执行应急联动：

（1）事发地作业人员根据现场情况，迅速将伤亡人员脱离电源或危险源，同行人员立即拨打“120”急救电话，并及时汇报指挥部。

（2）根据伤员情况，就地采取“心肺复苏”紧急救护或止血、包扎、固定或转移。

（3）指挥部收到现场汇报，立即安排公司主要负责人及相关部室负责人前往事发地，周边运维人员可根据指令前往配合处置。

（4）运维人员与救护车保持联络，添加微信发送位置信息，提前做好伤员附近路面畅通。救护车到达后听从医护人员意见并配合做好伤员救助、转移，其余运维人员做好现场看护，配合开展后续调查。

交通事件发生时，应按以下原则执行应急联动：

（1）当发生车辆受损、人员伤亡时，车辆驾驶员或同乘人员立即汇报相关责任部门和所在部门，并根据车辆和人员受伤情况，提出支援需求，同时拨打“120”“122”、保险公司服务电话或“119”“110”等紧急救助电话。受伤人员远离受损车辆，互相配合做好止血、包扎、心肺复苏等紧急救护工作。

（2）指挥部下达指令，安排至少 1 名副总经理及以上人员和相关部室人员立即前往事发地进行处置，周边运维人员可根据指令前往配合处置。

（3）车载人员时刻与救护车保持联络，告知事发地附近路况和具体定位（添加微信发送位置信息），救护车到达后听从医护人员意见搭乘救护车前往治疗。同时配合保险公司做好现场取证、处置工作。

实践案例

某 750kV 变电站 750kV 变压器跳闸，经检查发现主变压器 C 相高压侧套管瓷套断裂，经 X 光探伤发现高压侧套管内引流线断裂，设备无法继续运行，需更换高压侧管套。

更换 750kV 变压器高压侧套管是一项复杂的工程，在冬季保供期内需尽快将故障设备恢复运行，尽可能缩短抢修时间。抢修方案确定后，国网宁夏电力发挥区域协同优势，组成由超高压公司、电科院、送变电公司、设备厂家组成的联合抢修团队，发挥各方优势力量，共同进行主变压器排油、受损套管吊装、新套管的加工制作与运输、高压试验、电气检测、设备供电保障等工作。各公司人员互相配合、分工协作、井然有序，用时 17 天完成故障设备的快速修复。

（七）作风军事

作风军事是结合公司组织建设、纪律建设、技能建设的实际需要，效仿军队正规化管理的模式，对抢修人员严格要求、统一标准，以提升战斗力和执行力的机制。

1. 原则

作风准军事建设遵循“纪律严明、规范统一”原则。

2. 工作内容

作风准军事建设主要分为值班纪律、响应时限、抢修保障三个方面。

国网宁夏电力各单位应急抢修队伍驰援河南抗洪出征

值班纪律要求

值班人员值班期间要坚守岗位，认真履行职责，坚决杜绝脱岗、漏岗等问题发生，全体值班人员按照值班安排依次轮值，不得随意更换，确需调整的，经带班领导同意后报应急指挥部备案。

严格执行 A、B 岗制度。A 岗主值组抢修，B 岗备值组到位，节假日期间，安排精干力量值班，管理人员时刻处于“热待命”状态。

响应时限要求

应急指挥部相关成员应在收到事件信息后 5min 内前往应急指挥中心，各负其责开展故障信息收集、设备基础资料收集、现场处置、后勤保障、舆情处置等工作。在指挥部未成立前，临时兼职指挥部职责。

各部门应在收到突发事件信息 15min 内，通过电话、微信等形式向应急指挥部初报事件信息和事件响应情况。

各部门应急队员接到命令后迅速集结，车辆集结同步开展，上班期间 0.5h、下班期间 1h 内，抢修队伍、抢修装备、抢修车辆必须全部集结完毕。

事故初步情况收集完毕后，设备管理部门、安全监督部门、指挥调度部门应在事故发生 1h 内向上级管理部门报送事故信息，事件信息由指挥调度部门编制，应急指挥部审核后发布。

抢修保障要求

各部门制定有针对性、实效性、操作性的应急抢修预案，每半年开展1次应急队伍的理论学习、作风纪律教育活动，每年至少开展 2 次应急演练，增强凝聚力，提高战斗力。

应急抢修人员着装统一，统一工作服和绝缘鞋；严守保密意识，未经允许，不得在互联网、微信等发布电网、设备事故信息，严禁发布不实言论。

加大奖惩力度，对敢担当、有作为、作风硬的应急抢修典型队伍或个人，在安全奖和绩效奖励中予以奖励。对于思想不重视、启动响应及时、应急处置不力、报送信息不规范等情形，加大考核力度。

实践案例

某日 01:19，某 330kV 变电站内 110kV Ⅱ母母线保护跳闸，Ⅱ母母线所联间隔断路器全部跳开。01:28，在“应急指挥群”发布设备跳闸简要信息，并通知相关部门启动Ⅱ级应急响应。02:00，运维人员到达现场，02:05，各级应急人员到达公司，并开展应急处置工作。通过应急准军事化管理，面对各类突发事件，公司始终能做到快速反应、急而不乱，各部门按照分工分头负责、各负其责。

（八）作风军事装备定置

装备定置是为提升突发事件处置时应急物资装备调取速度、效率，按照不同突发事件类别，对各类应急装备进行专人管理、定置摆放、快速存取的管理办法。装备定置主要针对应急物资、大型装备、抢修备品备件和后勤保障物资等。

1. 原则

装备定置遵循“统筹管理、科学分布、合理储备、统一调配”的原则。

2. 应急装备储备要求

应急物资储备应及时补充，根据应急物资储备量及时进行采购，确保应急物资储备充足。

应急备品备件、后勤保障物资储备方式分为实物储备、协议储备和动态周转等方式，以服务现场抢修为原则，由各业务部门、后勤服务部门根据需求和实际确定。应急装备按照实物方式进行存储。

应急物资装备应指定专人管理，设备性能不良、故障时要及时维修，食品、医药类应急物资临近过期前一个月，应进行更换。备品备件要经常性检查，确保使用后及时补充。

应急物资装备应逐步建立线上管理制度，履行出入库登记手续，分类、分区保管，按照专业仓管理要求，实现应急装备信息化管理，快速出入库、自动存取。

国网宁夏电力开展应急照明灯塔培训

3. 应急物资供应工作要求

当发生灾害或事故，公司启动应急响应。专业部门、后勤服务部门根据应急指挥部指令迅速调集人员和车辆，按照设备管理部门报送应急物资需求信息，进行后勤保障物资装运配送，并及时公布物资供应联系人、司机及其联系方式。

应急物资由指挥部统筹调配，在专业部门提出需求的情况下，做好应急装备的借用、出库。按照“先近后远、先部门再公司”原则统一调配。

设备备品备件由各部门自行管理，明确存储位置，便于随时取用。当本单位备品备件不足时，可采取就近地市公司借用、厂家紧急支援、非运行设备备件替换等方式紧急处理。

后勤保障物资由后勤服务部门负责补充调拨。

应急装备存放于公司应急库，由安监部管理。

4. 应急装备日常管理工作要求

应急物资装备应严格按物资管理要求进行日常管理，对清查盘点中发现的问题，要查明原因，妥善处理，及时上报。

应急物资装备出入库必须登记，确保进出正确无误。

应急物资装备的摆放要整齐、有序，合理堆码。根据存放物资的不同特质，采取不同的储存和防护措施，确保物资完好无损。

应急物资装备存放点严禁私拉、私改电源线路，严禁使用各种电器，加强防火、防盗、应急管理，配齐配足的消防器材。

三、工作成效

通过应急准军事建设，增强了人员应急意识、实现了指挥体系科学化、应急队伍军事化、应急处置规范化、支撑保障精细化、装备资源集约化，有力地保障了输变电设备运维，确保了宁夏主网安全。

应急准军事“五化”工作成效

(一)应急意识明显增强

大局意识大幅提升，在开展突发事件处置时，所有人员心往一处想、劲往一处使，摒除了部门、班组差别，第一时间响应，全力投入抢修工作，充分践行了“人民电业为人民”的企业宗旨。担当意识大幅提升，突发事件处置时，形成了各部门、专业人员谁在现场谁负责，谁在附近区域谁配合的意识，人员主动申请，主动参与，有效地解决了突发事件处置人员不能及时到位的问题。安全意识不断强化，电力行业作为高危行业，在现场作业中有各类风险点，而抢修作业风险更是高于日常，通过应急准军事实践，规范了抢修人员行为和抢修过程组织，为安全提供了保障。借鉴意识深入人心，居安思危，思则有备，有备无患。通过应急准军事实践，强化了公司各层级人员的借鉴意识，在日常工作及培训演练中，加入了事故案例的学习、分析，深刻吸取国内外各类事故教训，提取经验、反思不足，防患于未然。

（二）信息流转明显畅通

通过应急准军事实践，在应急指挥部建立了准确、及时、全面的信息共享体系。将生产管理系统（PMS）、OMS、在线监测、统一视频平台、移动视频终端、信息子站、智能运检指挥平台、输电智慧巡检系统等信息资源纳入事故应急抢修体系，借助信息化、智能化手段，多平台、多通道、多系统全面获取信息。深化信息监测预警，以预防事故蔓延与次生事件发生为重点，向运维单位告知运行设备负荷变化，发布电网风险信息，异常天气发布天气预警和隐患排查信息，畅通了突发事件处置时各类信息流转质量和效率，有力地夯实了突发事件处置信息基础。

（三）抢修组织更加清晰

通过应急准军事实践，形成了应急指挥部 + 现场指挥部的指挥体系，规范了指挥部内总指挥和成员的构成，完善了应急指挥体系，有力地保障了指挥部的统筹协调功能发挥。构建了“侦察兵 + 先遣组 + 支援队”的梯队抢修体系，明确了各级梯队在不同阶段的人员构成，明确了职责，梳理了开展现场事故抢修时的职责及任务分工，促进了人员各司其职、协同作战。

（四）决策研判更加精准

通过应急准军事实践，充分利用“梯队抢修”保障现场处置有序、高效开展，为指挥部提供了现场进度及需求等；高效利用各类信息平台，为指挥部提供设备信息、预警信息、负荷等情况；厘清了各部门应急职责，规范了处置流程，为指挥部组织开展现场处置奠定了组织基础，充分发挥了指挥部会商、现场会商及远程会商的多维会商体系优势，促进了应急指挥部综合研判、集中决策质效。

（五）抢修时间大幅缩短

通过应急准军事实践，响应策略不断规范，形成了“就近调派、区域优先”的原则。合理调集事发地点就近人员赶赴现场开展初步信息研判，充分发挥设备主人制取得成果，适时安排运维人员开展带电检测工作，协调地市公司解决仪器仪表、备品备件等问题，优化资源配置，大幅提升了初期处置效率。推广突发事件轴线图绘制模式，过程控制人员到达、信息汇报、事件报告等时间节点，树牢各单位人员时间观念，促使各单位人员按照时间推移，完成规定动作，确保在最短时间内完成突发事件处置。

下篇 输电篇

第五章 设备主人制

设备是保障电网安全运行、确保电力可靠供应、提升公司运营绩效、支撑中国特色国际领先能源互联网企业建设的重要物质基础，输电运维作为国家电网有限公司的核心业务之一，运维质量直接关系电网整体的安全运行和电力可靠供应。2021 年国网宁夏电力提出“打造宁夏双样板、推动公司双创新、建设现代双一流”战略发展目标，作为宁夏主电网“保障者”、外送大通道“护航者”、新型电力系统建设“推动者”，必须大力夯实输电设备安全基础，提高安全保障能力，守牢电网安全“生命线”，为国网宁夏电力和宁夏电网安全发展扛起使命担当。

一、工作思路

大漠孤烟、长河落日、六盘高峰、贺兰雄浑，宁夏地质地貌复杂，随着季节更替，输电运维通道环境多变。目前国网宁夏电力运维110kV及以上线路15764km，其中超特高压输电线路3127km，除2388km750kV交流环网外，包含±660kV银东、±800kV灵绍线两条超特高压直流外送通道，以及±1100kV吉泉、±800kV天中线两条过境特高压直流外送线路，输电运维人员人均维护线路40km左右，结构性缺员矛盾突出，经营电网输送容量大、输电距离远、密集通道多，运行环境复杂，设备故障影响大。为全力保障宁夏主网设备安全，充分发挥运维人员最优工作质效，推动公司输电设备管理不断上台阶、上水平，国网宁夏电力围绕“贴近设备、落实责任、精益运维、强化保障”的工作思路，全流程梳理输电运维管理“盲点、断点、堵点”，以单条输电线路为责任运维主线，推行设备主人制度，构建“1344”设备主人+线长制工作模式。努力打造出一支精益运维、精细检修、精准立项的设备管理队伍，为电网安全稳定运行打下坚实基础。

按照“一线一主人”制定“设备主人+线长制”实施方案和管理职责 1	以“全科医生制”，建立健全“A、B、C”三角的设备主人运检体系 3
围绕“两军事”构建“四统一”的设备主人制管理体系，明确设备主人工作内容，提高运维人员的“设备主人”意识和设备管理能力，培养高水平设备运维“全科医生”，打造生产业务“核心队伍” 4	强化巡检业务全环节管控，构建“四个管理要素”设备主人工作体系，对设备管理重要管控节点进行监督、督促，实现输电运行、维护全过程管控，助推“三个转变”，全力保障电网安全运行和电力可靠供应 4

“1344”设备主人+线长制工作模式

二、工作举措

(一)强支撑，建立健全“A、B、C”三角的设备主人运检体系

严格落实“每条线路都有设备主人、每名设备主人都有责任和每项业务都有管控”职责，将输电线路专业管理责任细化至“A、B、C”三角的设备主人，做到上下联动、层层督导、专业全协同、责任全落实，设备全覆盖，实现输电专业业务全流程闭环管控。

设备主人 A 角

以输电各运维站现场运维人员为设备主人 A 角，掌控设备整体运维状况

设备主人 C 角

以部门专业管理人员为主组建覆盖线路运行、检修、监控、验收、检测、施工等业务的柔性专家团队，作为设备主人 C 角，提供专业指导和技术支撑

设备主人 B 角

以停电检修、带电作业人员为设备主人 B 角，解决设备健康问题

“A、B、C”三角的设备主人运检体系

（二）明责任，构建“四统一”的设备主人管理体系

1. 明确设备主人任职资格要求

明确具有三年及以上输电线路运维管理工作经验，持有电工作业证（高压）、登高作业证、触电急救证，经公司安规考试合格，具备高级工职称为设备主人任职资格要求。

2. 明确设备主人及责任单元划分

定人定责，在不改变现行输电运维班组架构，以一条线路（包括线路上的设备）或一个片区作为责任划分单元，采用“班组集体讨论 + 部门领导审核”方式确定设备主人（可为一人或多人小组），所有线路及设备均应落实责任主体，做到不交叉重叠、不遗漏。

3. 明确设备主人工作要求

统一工作模式、统一管理职责、统一工作责任划分、统一考评要求，及时对设备主人能力及工作质效进行评估认定，激发设备主人的积极性、主动性、创造性，推进设备管理从专业管理向全员管理转变。

（三）全管控，构建“四个管理要素”设备主人工作体系

1. 巡检质量指标管理要素

以输电线路故障停运率、可用系数、业务数字化率、单千米通道隐患发现 / 治理率、单基铁塔缺陷隐患发现 / 消除率、巡视到位率、计划执行率等数字化指标数说线路巡检质量指标管理。

2. 台账资料管理要素

持续推进智能装备升级和运检业务数字转型建设，建立数据汇集中心，健全数字设备台账、图纸档案、修试记录、巡检记录、设备履历、周边环境数据等台账资料管理，提供强大基础信息获取能力。

3. 计划管理要素

强化设备主人自主计划管理。根据年度重点工作计划设备主人统筹制定技改、大修实施计划，制定上报年度和月度的定期巡视、特殊巡视、动态巡视计划，上报线路停电检修计划并担任线路停、送电负责人和线路修试后验收负责人。

4. 运检机制管理要素

以设备主人为纽带，建立“设备主人—工作岗位”的设备责任链条。以工单制落实工作责任主体，设备主人与班长、班长与部门相关专责联系均必须按照PDCA闭环管控，形成工作记录完整、责任有据可查，通过责任链条实现设备管理的有效落实及跟踪，确保设备工作“事事有人做、事事有人管”。

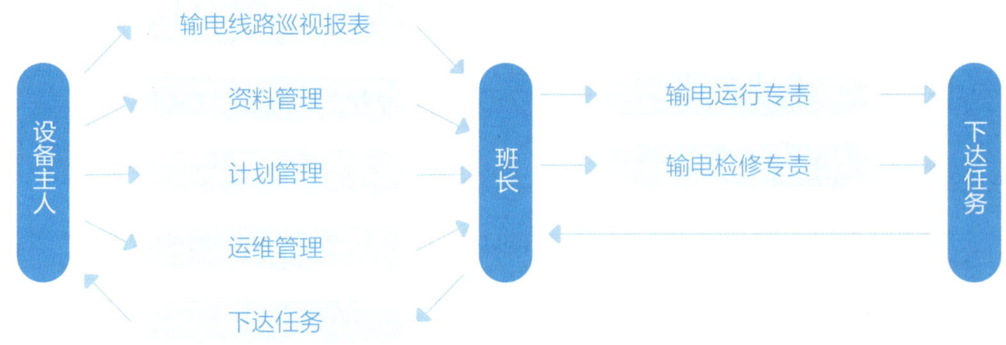

“设备主人—工作岗位”的设备责任链条

(四)提质效，赋能赋智提升设备主人管理效能

1. 提升设备主人“单兵”装备水平

以建设数字化班组为契机，持续推进智能装备升级和运检业务数字转型建设，严格执行“三高两化”设备选型标准，为设备主人配齐配全无人机、高清望远镜、移动巡检 PDA、智能安全帽等装备，逐步提升设备主人“单兵装备”规模效果，促巡检质量提升。

2. 丰富设备主人运维业务技能范围

逐步提升无人机巡检、直升机巡视、红外测温、可视化监控等设备状态感知力，提升人员对设备已存缺陷分析诊断能力，把脉设备运行状况。

设备主人开展红外测温工作

无人机巡检

实践案例

国网宁夏电力某输电运维站线长张某管理着 750kV 方东线、鸳州线等 7 条超高压输电线路近 150km。他将管理设备的基本信息铭记于心，熟悉掌握线路分布及运行情况，定期开展巡视测温、接地电阻测量工作，及时跟踪设备运行状况，对影响线路运行的树木及时修剪清理，对发现违章建筑危及线路安全运行的及时发放安全告知书及整改通知书，认真开展自查整改工作，并率先完成设备“身份证”粘贴工作，减少设备管理盲区，切实履行设备主人管理责任，坚决杜绝因巡视不到位而造成故障跳闸的现象。

2022 年某日 09:45，输电线路运维人员张某在某 110kV 线路 8 号塔异物拆除时，发现铁塔在轻微晃动，设备主人丁某立即查阅该线路的资料，现场找同类型铁塔，通过比对同类型铁塔，发现 8 号塔被盗 39 根塔材，属于重大缺陷。设备主人丁某立即报告班长，班长组织召开线上视频会议，进行缺陷消缺准备。经过 2 天的切、量、装的紧张工作，顺利完成 8 号塔的塔材补装，成功消除了重大缺陷。

3. 推进设备主人“全要素”管理

持续推进移动巡检系统、“立体巡检 + 全景监控”“高空替代”业务应用，建立设备主人与设备实时状态信息和具体业务实施深度关联，实现“战斗反应”实时化、“缺陷打击”精准化、“业务阵地”透明化、“作战体系”一体化，为设备主人赋智赋能，促使输电专业效能和专业管理双提升。

设备主人利用无人机和 VR 开展线路巡视

三、工作成效

（一）设备主人积极性提高，建全体系强责任

一是主动对接政府部门强制砍伐通道内超高杨树苗圃，处置通道内损毁养殖厂彩钢房等多年来长期危及线路安全的重大隐患。

二是联合政府相关执法机关等单位开展防汛应急演练，有效建立了灾害应急情况下快速有效的抢修和应急处理机制，为电网的安全稳定运行打下了坚实的基础。

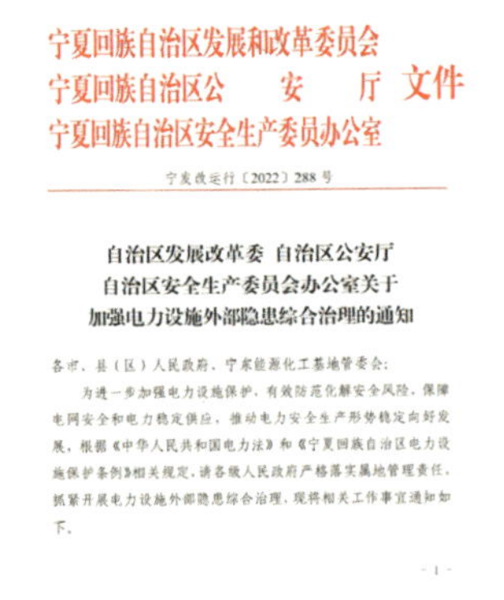

宁夏回族自治区发展和改革委员会
宁夏回族自治区公　安　厅 文件
宁夏回族自治区安全生产委员办公室

宁发改运行〔2022〕288 号

**自治区发展改革委 自治区公安厅
自治区安全生产委员会办公室关于
加强电力设施外部隐患综合治理的通知**

各市、县（区）人民政府、宁东能源化工基地管委会：

为进一步加强电力设施保护，有效防范化解安全风险，保障电网安全和电力稳定供应，推动电力安全生产形势稳定向好发展，根据《中华人民共和国电力法》和《宁夏回族自治区电力设施保护条例》相关规定，请各级人民政府严格落实属地管理责任，抓紧开展电力设施外部隐患综合治理，现将相关工作事宜通知如下。

- 1 -

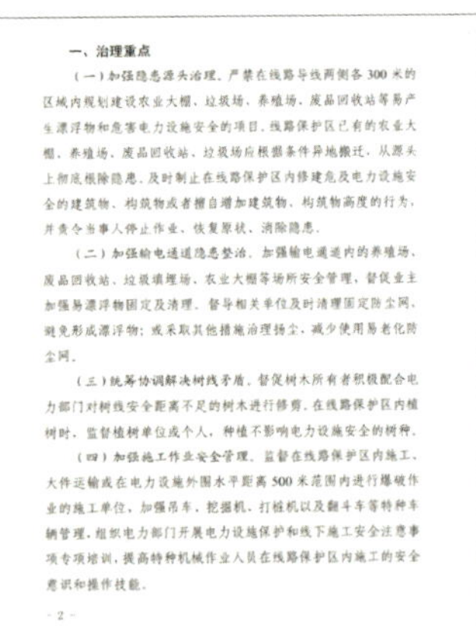

一、治理重点

（一）加强隐患源头治理。严禁在线路导线两侧各 300 米的区域内规划建设农业大棚、垃圾场、养殖场、废品回收站等易产生漂浮物和危害电力设施安全的项目。线路保护区已有的农业大棚、养殖场、废品回收站、垃圾场应根据条件异地搬迁，从源头上彻底根除隐患。及时制止在线路保护区内修建危及电力设施安全的建筑物、构筑物或者擅自增加建筑物、构筑物高度的行为，并责令当事人停止作业、恢复原状、消除隐患。

（二）加强输电通道隐患整治。加强输电通道内的养殖场、废品回收站、垃圾填埋场、农业大棚等场所安全管理，督促业主加强易漂浮物固定及清理。督导相关单位及时清理固定防尘网，避免形成漂浮物；或采取其他措施治理扬尘，减少使用易老化防尘网。

（三）统筹协调解决树线矛盾。督促树木所有者积极配合电力部门对树线安全距离不足的树木进行修剪。在线路保护区内植树时，监督植树单位或个人，种植不影响电力设施安全的树种。

（四）加强施工作业安全管理。监督在线路保护区内施工、大件运输或在电力设施外围水平距离 500 米范围内进行爆破作业的施工单位，加强吊车、挖掘机、打桩机以及翻斗车等特种车辆管理。组织电力部门开展电力设施保护和线下施工安全注意事项专项培训，提高特种机械作业人员在线路保护区内施工的安全意识和操作技能。

- 2 -

促请各级政府下发文件开展隐患治理

三是借力属地供电公司及农电站，开展互帮互助，寻求地方政府的支持，落实村队两级行政监督主体职责，引导村民合理开展农耕、养殖、种植，保障电力设备安全。

四是以“五个最”要求严格贯彻供电保障工作部署，高质量完成两会、建党 100 周年、第十四届全运会等重大供电保障任务五项，设备主人属地化运维保障执行贯彻和应急处理能力凸显。

建党 100 周年供电保障现场

五是通过设备主人权责划分，对线路运行风险研判，抢修、保障、调度等协同作战，恶劣天气、特殊运行方式应战能力提升明显，高效处置了线路通道内蔬菜大棚大面积炸棚、固原市六盘山森林大火等威胁线路安全的重大隐患。

（二）设备运检体系持续优化，配套机制促转型

一是结合设备主人管理界面优化，建成投运输电银北运维站，进一步优化运维界面，有效缓解宁夏北部超特高压主网运维压力。

二是通过设备主人制建设实现了所有线路运维保障、应急抢修 1h 响应到位的智能运检网格化管理，畅通现场“最后一公里”，形成一套成熟且高效的管理机制。

三是积极扩展无人机巡检业务探索工作，开展“架空输电线路无人机巡检应用”资源开发项目。

- 编制完成“架空输电线路无人机巡检应用”精品微课 **20** 节
- 完成《架空输电线路无人机巡检应用》培训教材、《无人机巡检人才评价体系》《无人机巡检作业指导手册》等相关技术成果 **9** 项

（三）设备运检手段丰富高效，赋智赋能实效化拓展

根据国网数字化班组建设要求，开展银川、吴忠、石嘴山、超高压四个公司数字化班组建设，以高标准通过国家电网有限公司数字化班组验收。编制《国网宁夏电力有限公司架空输电线路无人机应用管理规定（试行）》等6项制度。深化移动巡检作业，实现全业务流程自动推送、缺陷/隐患记录现场登记。有效推进智能装备高处替代业务发展，降低基层班组人员高处作业风险，减少了人员体力消耗，保障了人身安全，为传统检修模式向智能化数字化检修模式转变提供了技术支撑。

- 线上流转电力线路第一、第二种工作票 **1240** 份，执行工作票 **1240** 份，在移动巡检系统办理工作票 **1240** 份，工作票移动端线上流转率 **100%**。累计下达巡视任务 **2239** 条，巡视杆塔 **114723** 基，红外测温、接地电阻测量 **223** 条，业务应用覆盖率 **95.4%**。
- 利用小飞人电动升降装置开展等电位带电作业 **19** 次，无人机导线巡查 **505** 档。
- 绝缘子憎水性试验、机器人绝缘子零值检测等高处替代人员作业 **5** 次。
- 创新开展 ±1100kV 吉泉线直升机吊索法带电作业及耐张线夹 X 光带电探伤工作。
- 使用激光清障仪处理缺陷 **58** 次，无人机红外测温 **1230** 次。

±1100kV 吉泉线首次开展直升机吊索法带电作业

第六章 全科医生制

面对现代电网形态的不断变化，输电设备规模的大幅增长、技术的不断升级，电力设备网络化、数字化特征愈发明显，现有输电运检模式难以适应公司发展战略和电网安全运行要求。大部分输电设备运行年限超过十年，设备异常状态呈逐年上升趋势，安全运行压力巨大；随着数字化转型，围绕设备管理需求，需全力推动输电全景智慧物联监控信息体系规划落地，实现输电运检业务模式“三个转变”，支撑线路运维向“数字化”“智能化”迈进，专业管理向“智慧化”提升；运检人员数量亟待增加增长，运检技能需要全面推进，专业化运检队伍建设急需加强。

一、工作思路

为全力承接公司新发展目标，运用设备管理科学理念和先进经验，以管理创新和技术创新为驱动，深化全员、全寿命、全要素管理，推动设备升级、管理升级、保障升级，实现从专业管理向全员管理转变，从维修管理向健康管理转变，从设备管理向资产管理转变，培养熟设备、懂现场、有技术的业务骨干计划，输电专业坚持以人为本丰富运维业务技能范围，立足“培养人、用好人、留住人”，提升人员技能，打造“业务全面、技能精湛、结构合理”的“专科医生＋全科医生”运检人才队伍。

推进思路。按照“骨干先行，以点带面，稳妥推进，全面实施”原则，加大运检一体化人才培养力度，完善激励机制。采用全过程介入工程建设、深层次参与设备监造、多专业轮岗交流等方式，通过建立设备异常分析、故障诊断、疑难杂症会诊机制，立足建设运检技术支撑团队和技能骨干梯队，全面提升“五项能力”，培养在专业领域内“一锤定音”的工匠人才，使全科医生更懂设备、更具权威。

二、工作举措

(一) 夯实运维“诊断力”，精准把脉设备

制定输电运维人员“两年”运维技能提升行动计划，全面夯实运维人员生产准备和设备验收、巡视作业、检测维护、日常运维、隐患排查治理、安全管控基本业务能力。结合日常检修运维工作、“运维站”年度对标评比及每两年一届的超越杯竞赛，提升全员无人机取证率、技能等级通过率，以闯关达标形式提升全科医生“望闻问切”诊断力，全面提升专科医生诊断水平。

“望”

打造“四位一体”“望诊”能力。一是提升巡检人员巡视能力，借助移动应用，在作业过程中完成检修监管信息实时上传、检修记录现场填写并回传至生产管理系统（PMS），能查询到作业记录，同时引入单千米隐患发现率、单基铁塔缺陷发现率等指标评比，全面提升人工巡检缺陷发现能力。二是全面提升无人机取证率，力争 50 岁以下巡检人员取证率达到 100%，提升设备缺陷精细化“望”巡能力。三是提升“直升机”精细化巡检成效管控能力，开展无人机与直升机巡检质效对比，相互促进，提高无人机、直升机巡视成效。四是提高卫星巡视作业成效，深挖卫

战高温冒酷暑深入沙漠地区开展巡线

“闻”

推进智慧线路建设，提炼典型物联应用更新典型场景，推动架空线路边缘智能终端、无信号区组网等智能装置应用，建立状态监测装置运维保障及定期校准机制，培养孵化先进感知技术，重点攻关异物入侵及预警。聚焦线路“通道隐患、微气象、设备薄弱环节感知、杆塔结构强度监测、地质灾害、山火”等典型应用区域和场景，突出自主预警、智能处置、效率效益，借助各类先进感知终端，结合各类感知装置，根据主动预警、主动推送信息开展远程巡视，提升设备异常“闻诊”能力。

利用在线监测装置开展线路覆冰监测

“问”

加强运维人员培训，确保具备绝缘子低/零值、盐密灰密、绝缘子憎水性检测实验，交跨测量、杆塔接地电阻测量、红外测温、探伤检测等基本业务能力。拓展利用无人机等搭载平台，开展红外检测、辅助照明、异物清除、高处传递等作业，为全科医生“问诊”赋能赋质提质效。

无人机搭载喷火装置处理线路隐患

“切”

以国网宁夏电力设备运检全业务核心班组建设实施方案为指引，全力提升运维人员登高检查、检测作业能力，结合登塔检查等基本业务素质要求，提高直面设备的“切诊”水平。提高无人机综合能力应用水平，提升设备检修、投运验收、设备精细化检查“切诊”能力。

检修人员开展设备登塔检查工作

◉（二）提升“未、欲、已”三病“处置力”，对症下药

全面提升专科医生“四力”。围绕电力供应根本任务，结合冬培夏练、日常巡视工作，不断总结各类突发事件处置经验，久久为功，提升输电运维人员发现输电设备本体及通道隐患“洞察力”。常态开展输电事故分析学习，提升专科医生对设备各类异常信息的敏锐性，对初步异常信息“研判力”，及时研判异常可能发展的趋势，尽全力将“异常”状态消灭在萌芽状态。把日常运检工作和应急处置结合考虑，专科医生日常培训时充分考虑突发事件处置需要，结合历年处置经验与教训，融会贯通，根据需要定期开展应急演练，规范抢修秩序流程，提升队伍应急实战“处置力”。不断完善信息共享体系，提升故障全信息的“共享力”，确保综合分析、故障原因判断、前期处置策略制定精准。

治已病之病

推行标准化外破隐患点典型物防措施，制定警示牌、警戒线、危险区域控制界碑、在线监测安装等具体要求及范围。加强输电线路运行管理，实现卫星、直升机、无人机、人工巡视、带电检测等各类运检工作实时管控，做到缺陷隐患一本账，同时针对输电类缺陷，制定标准化管控要求及消除策略，及时确保缺陷归零。

运维人员开展交叉跨越测量工作

治欲病之病

开展“人工巡检 + 无人机巡检 +3D 可视化监控”多维立体巡检模式，及时精准发现预判输电线路通道隐患，全面提升设备运维质量。完善隐患排查、评估、治理、销号全过程工作机制，建立健全输电专业安全风险分级管控和隐患排查治理双重预防机制。分节气分批次开展隐患专项治理主题工作，确保隐患“区段到人、责任到人、考核到人、源头到人”，确保输电通道隐患及时“归零”。

治未病之病

结合各种检测手段，把脉设备整体运行情况，依托“两库一平台”，紧跟业内外输电隐患的人工智能技术，提高隐患发现效率。结合运维准军事建设，建立风险预警机制，推进基于大数据技术对历史环境的融合分析，实现对输电线路通道环境状态的评估、预测与预警，灾害预警水平四年内提升至杆塔级别。

激光清障仪处理输电线路异物

◉（三）打造专业“决断力”，一锤定音

1. 处方标准化，全面加强核心业务处置力建设

针对隐患管理，制定标准化操作流程及防控要求，确保隐患处方管控到位。针对输电线路各类缺陷，分类别制定缺陷标准化处置策略及要求，确保“缺”管理到位、“陷”消除到位。制定标准化作业示范教学片，常态化开展标准化作业训练，针对各类检修消缺作业，制定标准化作业指导书及风险预控措施，确保标准化处置入脑入心，行动统一，步伐一致。

2. 手术精准化，全面提升信息决断硬件支撑

坚持问题导向，着力解决影响班组质效的突出问题，构建人物互联现场安全管控系统。围绕计划管控、人员队伍管理、风险控制、环境感知、违章管理五个核心要素，应用以三维建模、智能安全帽、空间电子围栏、可视化系统等组成的数字化安全管控智能终端，以数字化手段实现作业现场实况的“数字镜像”，形成了全方位感知、实时采集、自动传输的人机有效互联互动，全面提升作业安全质量和效率。深化可视化、无人机等技术应用，推动线路巡视、检测维护、状态评价、带电作业等业务自主实施，提升输电运维和应急抢修能力。优化班组装备配置，加大无人机、机器人、在线监测等巡检辅助类智能装备配置，配足班组生产车辆、检修作业装备、仪器仪表等基础支撑装备，合理配置施工作业装备，确保满足全科医生＋专科医生“决断”业务实施需求。

利用“小飞人”带电作业

3. 技能全面化，推行岗位轮训挂岗交流，培训对象全覆盖

针对性开展岗位轮训挂岗交流

新员工	技术骨干	班组长
选送新员工到送变电等建设单位学习设备安装调试等技能，加速成长成才	选拔技术骨干到厂家学习，掌握设备生产工艺和技术标准化，提升核心技能水平	实施轮训，表现优秀的班组长向技术专家或管理人才等方向培养

多举措实现培训对象全覆盖

培训内容全覆盖	丰富培训形式	加强培训过程评价考核
依托各培训中心和实训基地，大力开展带电作业、诊断检测、检修作业业务技能培训，加快提升岗位知识和操作技能，解决“不会干、干不好、不会管”等问题	推广“互联网＋技能培训”模式，建立各专业线上学习资源库，提高技能培训便利性；拓展实训方式，通过现场实操、技能比武、班组大讲堂等方式，营造“比学赶超”的学习氛围	完善培训考评硬约束机制，对培训不合格的采取通报、降岗、脱产学习等措施，并将培训考评结果应用于员工绩效考核，确保培训取得实效

4. 锻炼实践化，强化决断力实践锤炼

制定全科医生推进工作计划，建立工作质效评价考核体系，重点开展绝缘子、金具更换等项目自主实施，培育杆塔组立、导地线更换等项目自主实施能力，制定培养熟设备、懂现场、有技术的业务骨干计划，重点培养青年人才、高学历人才、创新人才，使“全科医生”更有话语权，具有综合性复合型人才能力，成为输电专业领域内“一锤定音”的专家人才。

带电更换 800kV 某线自爆绝缘子

实践案例

2021 年 8 月 16 日，国网宁夏电力 800kV 某线某塔的绝缘子因长时间遭雷电袭击，绝缘强度受到破坏。该线路是宁夏外送的主要通道，一旦断电操作，将会损失巨大。对此，国网宁夏电力决定对该线路自爆绝缘子实施带电更换作业，“全科医生”李胜花按照工作负责人的指令，迅速登塔到达自爆绝缘子所在位置，在地面工作人员的密切配合下，60m 左右的高处、800kV 特高压电晕放电产生的“嗞嗞”声作响，李胜花却凭借着精湛的技艺和丰富的经验，在不到 1h 内，顺利完成了此次带电更换爆破绝缘子的工作。他所从事的带电作业属于“高精尖”，技术含量高、危险系数高，是输电线路安稳定安全运行的重要屏障，任何一丝疏忽，都可能造成无法挽回的后果。

5. 支持体系化，完善“专科医生”会诊机制

建立会商制度，健全会商专家，健全会商手段。通过梳理检修、带电班组核心业务类别，分析“处置力”薄弱环节，完善输电 A~E 类检修业务和人员技能提升计划，加大带电库房升级改造和业务支撑装备采购投入，积极配置电动升降装置、无人机、激光清障仪、智能安全帽等购置，深入推广无人机、自动升降装置、直升机等辅助作业，提升业务智能化、数字化水平，降低缺员不利因素的影响，不断夯实“对症下药”装备储备和业务技能支撑，全面提升专科医生设备异常处置能力。

直升机开展带电作业

三、工作成效

（一）缺陷发现率、消除率大幅提升

通过直升机 + 无人机 + 人工的立体巡视，有效发现输电线路本体缺陷，缺陷发现率和消除率较上年有着明显提高。2021 年，结合“两制两军事”要求，深入开展无人机精细化巡视，对线路本体缺陷进行排查，特别对导线断股、复合绝缘子锌棒发热、缺螺帽、开口销等缺陷进行重点排查，同时，从 4 月开始，逐渐对运行年限超 10 年的 15 条输电线路进行登塔检查，对设备本体进行全面检查及相关连接点及金具拍照筛查工作，取得良好的效果。

- 2021 年发现缺陷 **23315** 项，其中 750kV 发现缺陷 **2716** 项；330kV 发现缺陷 **2199** 项；220kV 发现缺陷 **5822** 项，110kV 发现缺陷 **9429** 项；35kV 发现缺陷 **3149** 项。

（二）风险管控和异常处置成效突出

针对所辖线路运检实际，结合宁夏地域特点，不断加强运维体系建设，形成一套成熟且高效的管理机制，根据输电专业“十四五”规划，着力打造高效“集中监控 + 立体巡检”运检体系，实现所有线路运维保障、应急抢修 1h 响应到位的智能运检网格化管理，确保隐患发现率 100%，隐患治理率 100%。

一是通道可视化平台“大脑”功能逐步成型。以可视化系统为依托，逐步实现对线路通道的监控隐患预警，紧急隐患处置时的人员、设备调度，巡视人员监督检查等功能，“大脑”指挥功能逐步成型。

二是 1h 协同响应机制成效显著。成功处置了大风蓝色预警期间线路通道内蔬菜大棚大面积隐炸棚，固原市六盘山森林大火、线路覆冰等威胁线路安全的重大隐患。对线路运行风险研判，抢修、保障、调度等协同作战，强化恶劣天气、特殊运行方式应战能力提升明显。

六盘山大面积山火

三是对重点隐患点进行严密管控，积极掌握各新能源单位风电场、光伏电站建设信息，对其运输及建设施工涉及所辖线路区段进行全程管控，确保全过程安全可靠。采取加强特殊巡视，安排专人蹲守看护，安装视频监控及防外破报警装置等手段进行人防、技防，确保线路安全运行。

四是积极主动建立政企联动机制，依托政府，落实基层行政监督职责，实现群防群治。积极向线路隐患属地相关部门汇报，现场办公，协调隐患治理，形成全社会重视输电线路运行安全、线路通道下的农业设施和人身安全良好氛围。

（三）运检人才队伍决断力全面提高

一是全员开展技达标考核，以考促练，提升全员无人机巡检水平。组织输电专业 7 个班组共 96 人（包括外聘人员）进行无人机操控技能达标考核，经过考核全部一线人员无人机操控技能达标人员 83 人，达标率 86.4%，一线班组运检能力提升明显。

二是青年员工培养初具成效，生产骨干队伍年轻化。经过各类检修现场的磨砺以及不断选派青年员前往上级单位协助工作锻炼，青年员工的专业技能、现场管理水平等综合素质提升明显，已成为输电检修队伍的骨干力量。

青年员工参加 ±1100kV 吉泉线路检修

开展导线除冰工作

第七章　运维准军事

“驾长车，踏破贺兰山缺”，宁夏自古以来就是塞上要地，多少军魂以军人之姿在此地守护着华夏的安宁。“六盘山上高峰，红旗漫卷西风”，如今塞上江南，仍然传承着红色军人的根基。“守土有责，守土尽责，守土负责”，是“两山一水”大地上生长的军魂和人文。为践行新时代宁夏主电网“保障者”、外送大通道“护航者”角色，足迹遍布塞上全区的国网宁夏电力输电运检人员，结合自身专业特点将军队的优良传统和作风融入专业管理，借鉴军队管理模式，以军人之姿为榜样，以强军之魂为方向，强根筑魂、凝心聚神，全力打造出一支具备工程师素质、解放军气质、特种兵意志，思想过硬、能力过硬、作风过硬、实战过硬的运维队伍。

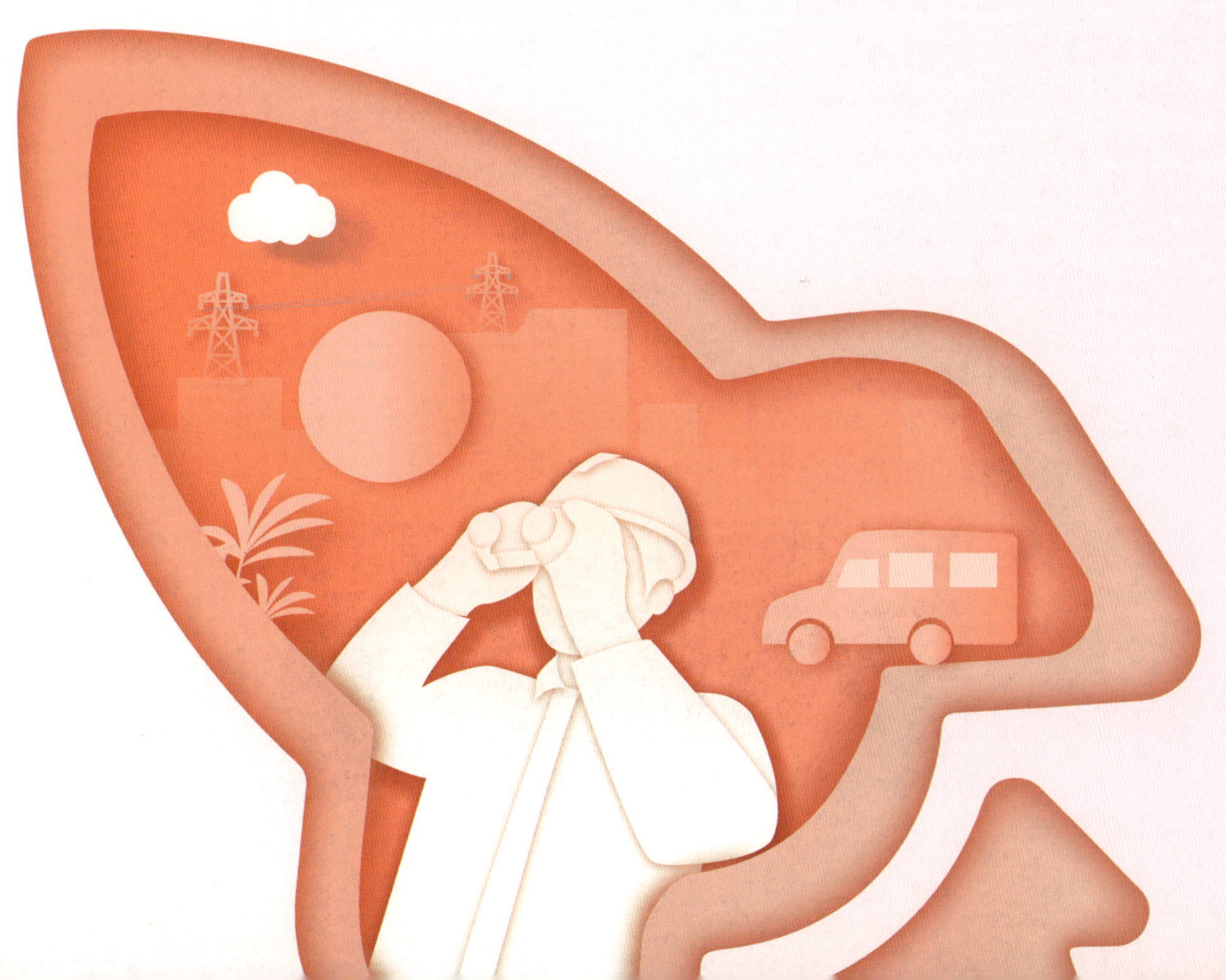

一、工作思路

在日常输电运维管理过程中，国网宁夏电力有机地引用军事管理特有的组织形式、行为准则、严格的管理制度和考核手段，打造行动军事化、工作标准化、作风严谨化、管理精细化的高素质员工队伍，促使公司员工在生产、经营过程中，规范行为动作，标准化作业，形成员工“严格、统一、规范、高效”的工作作风，打造部门、班组“作风顽强、纪律严明、令行禁止、政令畅通、安全高效、积极创新”的团队精神，全力推动输电专业运维工作“准军事”开展，做到“基础实、作风好、运维精、技术强、业绩优”，为企业高质量发展注入强劲动能。

二、工作举措

（一）加强“精、气、神”准军事作风建设，确保执行力到位

1. 树形象、讲规矩

对接“消防支队”为每个班站“淬火”一个月的军容作训，围绕“外树形象、内强素质”，持续加强队伍作风建设，从严从实执行“三大纪律、八项注意”，通过整齐划一的外在形象不断提升人员遵章守纪、令行禁止的规矩意识。

2. 定规范、讲作风

制定了输电线路运维站行为规范标准，常态化开展争做“八小时内好员工、八小时外好公民”活动，规范员工言行、做到慎言笃行。

3. 立精神、讲执行

推动员工“精、气、神”向军人看齐，让“军人气质”内化于心、外化于行，做到“自信、自律、自励、自强”培养人员高效的执行能力，顽强的工作作风，过硬的战斗精神。

队伍管理

4. 优环境、讲整洁

深入推进班站综合管理提升，标准化执行办公场所定制化管理，做到班容班貌“五净”“五齐”。

宿舍准军事化管理

实践案例

国网宁夏电力某输电运维班组进行准军事化管理，以“踏石有印、抓铁有痕”的军事作风助力输电巡检工作提质增效。扎实开展军事化管理，早起半小时，进行早操和内务整理工作。早操提升人员体魄、改善精神面貌，内务整理提高责任心、树立“屋自扫，作自勤”的意识，以小事为抓手，提升巡检人员的个人自律，提升执行力，提高责任心，提升战斗力，打造生活用心思，工作高效率的准军事化团队。通过执行准军事化管理，成绩斐然，运检人员每天七点准时起床，风雨无阻，历练体魄、凝心聚力，八点钟出发巡检，运维严谨、全面、细致。

（二）完善“六个”兵种建设，确保准军事建制到位

1. 打造信息化步兵

深化输电移动巡检 App 应用，围绕基层数字化班组建设实际应用场景，以巡视、检测业务为主线，全面推行无纸化办公，提升输电业务在线率，推进移动应用向决策层延伸，向各级管理人员提供辅助决策支撑。运用新技术促进数据互联互通和信息智能联动，建立人员、设备、平台、装置的智能联动机制，贯通外部系统、输电全景平台及移动巡检 App 的数据链路和业务运转，提升线路巡视“步兵”作业质效。

2. 建设“陆军航空兵”

将无人机巡检作为全部输电员工的必备技能，建设“陆军航空兵”，推行“一人一机一驾照”，全面推广无人机应用。截至目前，无人机覆盖率达到 1.64 架 / 百 km，一线班组全民职工持证率 79.5%，达到国家电网有限公司无人机巡检试点单位建设水平。

3. 建立“航空支援大队”

以一个专业无人机班为中心，全面支撑公司开展无人机业务深化拓展应用，指导一线运维人员自主巡检培训、教学，创新引领无人机检测、消缺、维保、管理、业务开发等工作。

航空支援大队

4. 完善信息化指挥中队

组建数据分析工作组，遴选青年员工参与系统监控、数据分析和智能巡检应用研发等“数字化”业务。每周一次集中办公开展数据核查治理，派发数据治理工单，确保各类关键台账数据准确完善。

5. 锻造带电作业特种兵

带电作业能力覆盖 110kV 及以上交直流全电压等级，带电作业业务涵盖补装开口销至绝缘子单双串更换，作业方式包括人工等电位检修至直升机进入，确保实现危急缺陷 100% 带电处理。坚持带电作业创新引领、集智攻坚，探索机械辅助和人工替代在输电线路运检方面的应用，将带电作业覆盖面由 20% 提升至 40% 以上，全力打造宁夏带电输电线路带电作业特种兵。

6. 建设“民兵”运维支撑力量

根据《国网宁夏电力有限公司输电线路通道属地化防护管理办法》，组织成立了输电线路通道属地化管理工作小组，并制定了《输电线路护线员守则》，同时由运维检修部协调输电运检中心、检修公司带领各乡镇供电所人员熟悉线路走径，并将线路通道内巡视重点、特殊区段等台账给巡视人员交代清楚，根据《电力设施保护条例》《电力设施保护条例实施细则》内容，护线员能够依法行使部分权力，保证输电线路的安全运行及输电线路保护区的完整性。并且在重大供电保障期、电网特殊方式期等特殊时期、时段，根据上级要求开展特巡供电保障工作。

（三）开展运维准军事“基础科目”达标闯关

结合全业务核心班组建设，做实做强做优基层班组，提升基层队伍获得感、优越感、荣誉感，激发班组活力，推动班组由“作业执行单元”向“价值创造单元”转变，培养新时代生产技能人才队伍，开展运维准军事“基础科目”达标闯关活动。

运维班组达标闯关

开展输电线路红外测温、紫外成像、绝缘子零值检测等带电检测、盐密（灰密）测量，弧垂、交跨、对地距离测量，线路避雷器试验，杆塔接地电阻检测等“基础科目”达标闯关

A

输电检修班达标闯关

组织实施线路杆塔、避雷器、横担、绝缘子及金具更换或加装，导线走线、杆塔螺栓紧固、导地线异物处理等 C、D 类检修，以及导地线修复等 A、B 类检修“基础科目”达标闯关

输电带电作业班达标闯关

开展 110（66）kV 以上输电线路的地电位带电作业、中间电位带电作业、等电位带电作业“基础科目”达标闯关

开展运维准军事“基础科目”达标闯关活动

（四）“五力”强兵，装备精兵

1. 开展“五力值”测评

开展安全力、执行力、学习力、创新力、专业力“五力”值测评，根据盘点结果充实“匹配池”和“转 / 待岗池”，加强现有资源整合优化，推动队伍职业化、作业规范化、管理精益化、装备现代化建设，提高一线班组职业化水平。

2. 严格落实安全责任条例清单

做到知责履责，树立“设备安全关系电网安全，电网安全关系国家安全”的大局意识，夯实安全教育培训，严格执行“三不上岗”“两票三制”“十不干”“四不伤害”等制度规定，严管人员安全行为，杜绝人员责任事件发生，守牢守住“安全红线”和“生命线”。

3. 全面优选“武器装备”配置

加大运检装备配置投入，配置高性能望远镜，配置自主巡检无人机、缺陷智能识别处理工作站、补充激光清障仪等硬件设备，研发零值检测机器人、外挂载憎水性试验无人机、“无人机航母”等设备，提升运维站整体水平。补充激光清障仪、全面应用“无人机＋小飞人”带电作业新模式，推广使用无人机红外测温、X光带电探伤检测等智能装备，使绝缘子、导地线、金具类智能辅助带电作业范围覆盖40%以上。

无人机航母

（五）明确划分各大“战区”，火力全覆盖

不断加强运维体系建设，通过输电监控大厅对线路的超高覆盖率以及护线员的辛勤巡视，借助无人机自主巡检功能实现对吴忠地区线路的“无死角”监测。

1. 打造输电监控作战指挥中心

以输电全景平台为作战指挥中心，深化应用“输电智慧决策”，开展精准巡视、检测、检修、立项，实现对线路通道的监控隐患预警，紧急隐患处置时的人员、设备调度，巡视人员监督检查等功能。

2. 建设运维飞行调度中心

以运维飞行调度中心对无人机及飞手、飞巡作业计划及巡检结果等进行在线“作战”管控，指派作业人员完成每日飞行任务，整理巡视飞行中拍摄的图片，集中进行缺陷识别，隐患排查。

（六）推行三种人＋三角的“三三制”一线作战模式，规范作业流程

1. 做实“三种人”的三制

培养技能水平高、现场经验丰富的“三种人”。建立“违章记分”负面清单，对人员进行全过程安全管控，严格执行“四个管住”要求，牢固树立“现场作业不执行标准化作业＝违章”的理念，强化工作计划的刚性执行，梳理修订树木修剪、无人机巡检、等电位作业、应急处置等现场作业标准化操作流程，突出标准化作业的权威性和全员性。完善标准化作业指导书内容，制作标准化作业示范教学片，常态化开展直升机带电作业、设备检测、防汛和冬季保供演练等标准化作业训练，使标准化作业入脑入心，形成大脑和肌肉双记忆，助力运检质效提升。加强“四不两直”作业现场督查，以铁的纪律促进标准化作业落地。

2. 做优“A、B、C”三角的三制

建立健全“A、B、C”三角的设备主人运检体系，明确输电线路运检人员的“设备状态的管理人、运检标准的执行人和设备全寿命周期管理的落实人”三种人定位。

（七）打造战场环境实时感知能力，精确作战地图绘制

1. 通道可视全线覆盖

完成通道可视化建设，加强作战现场环境感知。安装视频监控设备 10003 套，750kV 及以上线路通道全覆盖，110~330kV 线路重点区域全覆盖，实现了“作战现场”可视化全覆盖。

2. 智慧线路全息互联

推行智慧线路建设，结合“三高两化”，综合应用高可靠性监测传感技术，以及空天地立体监测、协同巡检等综合手段，实时掌控本体状态、通道环境；充分运用移动互联、人工智能、大数据分析等先进智能运检技术，实现状态精准管控、运检质效提升，建设具有本质安全、实时感知、全息互联、自主预警、智能处置基本特征的输电线路。

3. 设备信息三维数字

三维完成全部输电设备激光点云数据采集，完成通道内大棚精确定位和对“三跨”、树患三维建模工作，为监控通道隐患和设备本质安全提供精确数据支撑，智能运检水平大幅提升。

4. 物人互联实时感知

构建人物互联现场安全管控系统。围绕计划管控、人员队伍管理、风险控制、环境感知、违章管理五个核心要素，研发应用以三维建模、智能安全帽、空间电子围栏、可视化系统等组成的数字化安全管控智能终端，以数字化手段贯通“人、机、料、法、环”五个环节，实现作业现场实况的“数字镜像”，形成了全方位感知、实时采集、自动传输的人机有效互联互动。

（八）常态化开展缺陷隐患歼灭战

1. 总结年度作战经验

为实现“电网一张图、设备一本账、数据一个源、业务一条线”目标，逐条线路逐年制定并修订运行规程，标注隐患地图，熟知“战场环境”。

2. 制定年度作战计划

创新修订“二十四节气表”，对标年度“作战计划”。依据节气变化及年度工作任务，借鉴日程安排模式逐节气梳理重点工作任务，工作任务包含节气内隐患重点治理专项、年度检修计划、年度重点工作、安全管理专项、项目执行计划、护线宣传等重点工作。

3. 绘制作战地图

利用倾斜摄影、三维建模等先进技术实现对通道内大棚精确定位和对“三跨”、树患的精确测量监控。

对蔬菜大棚进行高精度建模

4. 精准攻坚歼灭

以“区段到人、责任到人、考核到人、源头到人”的方式严格落实输电线路隐患管理机制，根据宁夏地区季节性特征，针对性组织开展防洪防汛、森林火灾、杆塔金具、三跨、通道隐患等专项隐患排查；定级分类隐患，制定隐患责任人、消除时限、管控标准化措施，多管齐下，确保隐患可控时间内攻坚清零。

（九）发挥政企联动筑牢电力设施保护屏障

一是积极与线路隐患属地相关部门沟通，现场办公，协调隐患治理，全力消除重点隐患。

二是借力属地供电公司及农电所，开展互帮互助，落实村队两级行政监督主体职责，引导群众合理开展农耕、养殖、种植，培养互惠互利意识，相互协作，保障电力设备安全。

三是将所辖线路隐患较为集中区段镇一级派出所聘用专职联络员，主要协调线路通道隐患、电力设施保护宣传，提高《中华人民共和国电力法》及《电力设施保护条例》威慑力。

四是创新护线宣传手段，除传统的发放彩页宣传单等传统宣传模式外，创新制作微信宣传页、微信小视屏，同时借助网红广播类节目，如“的哥哈喜喜”等，在全省范围内开展群众护线宣传工作。

施工关键节点对施工人员进行防外力破坏集中培训

◉（十）加强创新引领深植党建文化

凝练班组文化，完善与“一体四翼”“双样板”“双创新”“双一流”建设新发展目标相对应的班组愿景和个人目标，深入推进班组文化上墙活动，营造团结、紧张、严肃、活泼的工作和生活氛围。大力弘扬创新创效，依托创新工作室开展技术攻关、技术革新，多渠道促进班组创新成果转化推广，推动全员创新、持续创新和价值，提升文化引领能力，发挥劳模、工匠、技术能手等带动辐射作用，强化核心技能传承，激发运维人员创新活力，提升班站人员凝聚力。加强党建引领，创新主题党日，引导运维人员自觉从讲政治的高度看待安全生产工作，激励党员同志带头遵守各项安全生产规章制度，广泛开展党员带头遵章、党员身边无违章、党员身边零事故等安全示范活动，带动身边人员争当“安全卫士”“护网先锋”。

党员突击队开展线路除冰

三、工作成效

◉（一）动令畅通，执行力高效贯彻落实

一是思想观念进一步更新、安全氛围良好，广大干部职工从思想、精神上充分认识到了重大活动供电保障的极端重要性，确保了公司上下动令畅通，圆满高效完成上级下达的各项重大供电保障任务。

二是在重大供电保障、检修现场，广大党员团员先锋模范作用、生力军作用得到了充分发挥，能够以振奋的精神、饱满的热情、昂扬的斗志、务实的作风和“只争朝夕”的态度，全身心投入到各项工作中去。

三是各部门负责人、班组长等骨干的执行力得到进一步强化，确保动令畅通。积极地将上级指示精神贯彻落实到一线职工身上，严防上紧下松、雷声大雨点小的现象。同时，“五特”精神在日常工作中得到了进一步发扬，“准军事化”管理理念深入人心，实现队伍、作风、形象三提升。

（二）作风向好，人员规矩意识持续提升

为进一步打造“素质优、本领强、作风硬、出能战、战必胜”的专业设备主人队伍共编制《输电专业准军事化管理建设实施方案》等相关规章制度26项，衍生制定子方案5个，运维准军事化建设初见成效，各班站精神面貌、工作执行能力等方面提升明显，站貌站容“五净”“五齐”，人员遵章守纪、令行禁止的规矩意识不断提升。

（三）运维精进，标准化流程持续优化

一是无人机巡检应用水平明显提升。在线路巡检方面：及时发现750kV贺杞线钢锚压接不到位、州盘线20基120处导线阻尼线断股、川湖线光缆与塔材摩擦等重大缺陷隐患。在外破防控方面：利用倾斜摄影、三维建模等先进技术实现对通道内大棚精确定位和对“三跨”、树患的精确测量监控。

二是自主巡检工作快速推进。目前已完成全部线路激光点云数据采集及无人机自主巡检航线规划工作，极大地节约运维人员力量，提高巡检效率。

三是对各类隐患协调处理及应急响应能力有明显提升。2021年上报自治区各级政府申请协助处置隐患137处，当年处置完成101处，处置率高达73.7%，剩余36处隐患均已采取可靠管控措施，管控率达到100%。国网宁夏电力110kV及以上输电线路故障率较2020年同比压降61.8%，首次实现330kV及以上电压等级主网线路全年零故障。

四是数字化应用有序开展。编制《国网宁夏电力架空输电线路无人机应用管理规定（试行）》等6项制度编制，工作票在线办理率100%，移动巡检业务应用覆盖率90%。

五是全面拓展高处智能替代作业，有效推进了智能装备高处替代业务发展，极大降低了基层班组人员高处作业风险，减少了人员体力消耗，为传统检修模式向智能化数字化检修模式转变提供了技术支撑。

六是智慧线路试点建设成效获国家电网有限公司领导专家一致好评。通过现场展示观摩、智慧平台功能演示和资料检查，对建设试点各项工作开展和功能应用成效给予了肯定，国家电网有限公司对公司输电专业创新工作研究及新技术推广应用成效予以高度评价。

利用无人机开展线路验收山火扑救

第八章　应急准军事

凡事预则立，不预则废，应急管理是关系国家经济社会发展和人民生命财产安全的大事，是构建社会主义和谐社会的重要内容，对电力企业而言，是践行企业宗旨、维护企业形象的“最要紧”任务。

宁夏有15000km左右110kV及以上电压等级线路，其中750kV及以上超特高压交直流输电线路3000km左右，整体运行环境处于黄土高原、蒙古高原和青藏高原的交汇地带，南北环山，东西处有沙漠，全年干旱少雨、风大沙多、蒸发强烈，气温的年较差、日较差大，干旱、冰雹、大风、沙尘暴、霜冻、局部暴雨洪涝等灾害性天气比较频繁；近年来随着地方经济的快速发展，线下施工、植树、堆物，通道周边塑料大棚、覆膜种植高频分布，给输电线路安全运行带来极大威胁，加之设备逐年老化，设备质量及缺陷问题趋向逐年增多。为保障宁夏主网输电线路安全稳定运行，及时消除输电设备面临的各种突发威胁，国网宁夏电力推行输电运维“应急准军事”管理。

一、工作思路

“应急准军事”旨在仿效军队正规化管理，依靠统一规范和严格要求，快速提升队伍战斗力，这既是规范应急工作的核心举措，也是宁夏主电网“保障者”的具体实践，更是推进新型电力系统构建，保障公司高质量发展的根本要求。为切实促进应急响应机制完善成熟、指挥体系运转流畅、现场处置更加高效、队伍作风显著提升、应急保障明显增强、电力应急能力达到西北区域一流水平，国网宁夏电力按照“五化”“八制”工作思路深入推进“应急准军事”建设。为全面承接“五化”“八制”工作思路，输电专业从单兵应急处置能力、应急准军事队伍建设、应急区域划分协同、高效应急体系建设、应急资源优化配置等方面进行了“科学化、军事化、规范化、集约化、精细化”统筹整合，有力支撑一流输电应急队伍建设，切实有效保障大电网安全。

二、工作举措

（一）应急管理制度化

1. 信息共享制度化

建立信息共享制度，将 PMS、移动终端、智能监拍等信息资源纳入抢修体系，深化信息监测预警，以预防事故蔓延与次生事件发生为重点，做到一有事故全面排查。充分深化信息管理系统应用，实时准确掌握应急抢修人员、车辆位置、轨迹定位、运行状态等信息，快速高效应对各类突发事件。

2. 应急资源调配制度化

制定应急资源调配制度，根据突发事件的警情级别，明确各成员承担的应急任务，应采取的应急措施以及应提供的人、物等应急资源，按具体情况统一调配应急资源。

3. 突发事件报送制度化

根据突发事件影响生产的状态级别，建立相应的警情专报机制。三级状态实行两天一报；二级状态实行一天一报；一级状态实行半天一报。

4. 应急值班制度化

根据突发事件的状态级别，建立三级值班制度。三级状态工作时间内安排专人 8h 值班，8h 以外，安排专人监控;二级状态安排专人 24h 值班，确保有足够的人员进行实时监控；一级状态安排有应急指挥能力的人员 24h 值班。

应急监控值班人员

（二）应急队伍梯次化

建立“3+3+7”应急队伍体系。应急队伍按大中小队，分三梯次、七个专业进行建制。各专业队员横向安排在应急队伍内，形成结构合理，应急能力较为全面的应急队伍，突发事件发生时，根据需求抽取中队或小队开展应急工作。

应急队伍三梯次：突发事件发生时，第一梯次直接对受影响地区进行应急处置，第二梯次对周边受影响地区进行应急处置，第三梯次由其他区域协同队伍组成，负责协助第一、二梯次队伍完成应急抢修工作。

应急队伍七专业：建立能够满足突发事件发生后七个阶段（先期恢复阶段、应急响应启动阶段、应急恢复阶段、应急供电阶段、应急抢险阶段、应急抢修阶段、灾后重建阶段）专业需求的应急队伍。

（三）装备物资专业化

1. 仓库管理

应急物资按照定点储存、专项管理的原则进行管理，由专人管理，负责应急物资的管理、验收、入库、出库、盘点清查和出入库登记。应急物资合理存放，按新、旧种类分区。

2. 出入库管理

应急物资出入库应建立完整的台账，出入库时逐一进行清点核对，并及时登记入账。物资搬运入库时先内后外，先下后上，出库时相反。

3. 盘点清查

每个月末，仓库管理员对应急物资进行盘点清查，发现物资损毁、报废的，查明原因上报并及时更换，发现装备实验标签过期的，及时送检，确保应急物资装备随时可用。

（四）强化单兵应急“4力1性”综合能力

1. 提升设备异常“洞察力”

围绕电力供应根本任务，结合冬培夏练、日常巡视工作，不断总结各类突发事件处置经验，久久为功，提升输电运维人员发现输电设备本体及通道隐患“洞察力”，专常兼备研判未病。

开展雨雪冰冻灾害现场应急演练

2. 提升异常信息“研判力”

常态开展输电事故分析学习，提升单兵对设备各类异常信息的敏锐性，对初步异常信息“研判力”，及时研判异常可能发展的趋势，提升应急处置前置效率，尽全力将“异常”状态消灭在萌芽状态。

应急演练现场指挥

3. 提升应急实战“处置力”

把日常运检工作和应急处置结合考虑，运维人员日常培训时充分考虑突发事件处置需要，结合历年处置经验与教训，融会贯通，根据需要定期开展应急演练，规范抢修秩序流程，提升队伍应急实战“处置力”。

定期开展防汛演练

4. 提升全信息“共享力”

不断完善信息共享体系，提升故障全信息的“共享力”，确保综合分析、故障原因判断、前期处置策略制定精准，后续处置方案、措施、抢修策略符合实际。

5. 加强“准军事纪律性”

坚持构建一支“明职责，守堡垒，听指挥，打胜仗”的应急处置队伍。把“一切行动听指挥”的观念刻入每一位员工脑海里，把服从命令贯彻工作中的每一个细节，做到行动统一，令行禁止，政令通畅。把发扬优秀作风深入到每一个环节中去，不畏艰苦，只争朝夕，始终保持队伍形象统一、装备统一，行为统一，思想统一。

应急准军事队伍管理

（五）优化应急“1+8+1”区域协同

针对所辖线路运检实际，结合宁夏地域特点，根据输电专业“十四五”规划，着力打造高效“1+8+1”应急体系（1 个应急指挥平台、8 个运维单位、1h 应急圈），实现所有线路运维保障、应急抢修 1h 响应到位的智能运检网格化管理，形成一套成熟且高效的管理机制。突发事件发生时，按照“就近调派、区域优先”原则开展处置，同时加大站间协同作战能力培养，缩短响应处置时间，组织开展站间应急演练活动，形成运维 8 片区，应急一张网的格局。

(六)完善“ABC+N”四角应急保障梯队

应急 A 角侦察兵

以输电各运维站现场运维人员为应急 A 角“侦察兵”，掌控突发应急事件状况，进行先期应急处置

应急 B 角先遣组

以停电检修、带电作业人员为应急 B 角“先遣组”，支援解决后续应急处置支援问题

应急 C 角支援队

以部门专业管理人员为主组建覆盖线路运行、检修、监控、验收、检测、施工等业务的应急柔性支援团队作为 C 角，提供专业指导和技术支撑

应急资源 N 角网联化

在超高压公司监办框架下主动与地市公司建立应急联络机制，建设线路专业技术专家库，明确各地市大型抢修机械联系人清单，畅通市政、交通、消防、公安等部门联系渠道，强化与设备制造厂家、物资公司、电科院、科研院校的应急协同联动，理顺与设备、安监、调控等部门的信息沟通，建立门类齐全的网络化资源库，联合应急，发生协同效应

“ABC+N”四角应急保障梯队

(七)行“前方尖兵 + 后方指挥部”建制，建立高效应急指挥体系

推进梯队抢修建设，深化完善“侦察兵 + 先遣组 + 支援队”梯队抢修体系，强化现场(就近)运检人员第一梯队、“先遣组”第二梯队及各专业“支援队”第三梯队联合抢修和业务应用。

遇突发事件

前方尖兵采用梯队抢修机制，依托“侦察兵 + 先遣组 + 支援队”的梯队抢修体系，开展现场事故抢修

突发事件发生

“侦察兵”由属地运维人员或附近检修人员构成，主要负责现场检查、获取初始信息、开展简单处置、及时准确汇报现场信息，着重采取必要防止事故扩大的措施等工作。根据指挥部分析和研判进度，“先遣组”作为第二梯队携带必备设备、工具等迅速赶赴现场，配合现场人员开展设备检查评估，故障设备消缺、恢复电网运行方式等工作

无法完成突发事件处置时

“后援队”人员携带相关备品备件、组织协调大型器械赶赴现场参与处置

高效应急指挥体系

（八）应急队伍准军事化

1. 信息共享准军事

不断完善信息共享体系，将PMS、移动视频终端、信息子站等信息资源纳入抢修体系，深化信息监测预警，以预防事故蔓延与次生事件发生为重点，做到一有事故全面排查。充分深化信息管理系统应用，实时准确掌握应急抢修人员、车辆位置、轨迹定位、运行状态等信息，快速高效应对各类突发事件。

2. 值战准军事

严格执行值班值守纪律，履职尽责，坚守岗位。值班人员值班期间坚决杜绝饮酒、外出，禁止私自换班，对于私自外出、擅自换班的人员将按照奖惩细则严格考核。值班值守期间坚持管理人员带班制度，值班人员24h通信畅通，确保突发事件发生时第一时间赶赴事发地开展处置。

3. 响应准军事

培养主动担当同步响应意识，以事故为号令，迅速同步开展队伍、车辆、装备物资响应集结，做到“8小时内半小时、8小时外1小时”全部集结，调集内外部一切资源，有序安排人员迅速前往处置。

4. 思想建设准军事

深入贯彻应急准军事建设思想，以服从命令为第一要务，做到行动统一，令行禁止，政令通畅，保持“四统一”。严格值班纪律，履职尽责，坚守岗位，值班期间杜绝饮酒外出，禁止私自换班，管理人员带班，值班人员24h通信畅通。

（九）装备资源集约化

1. 功能实用高效

着力构建“单兵+团队”装备体系，单兵装备定置标配，便携实用，班组装备分类配置，优势互补，团队装备集约整合，精良先进。

2. 存放定制管理

班组、中心装备实行定置化管理，专人负责，专库存放，具备随时可用、随时取用条件。

装备实行定置管理

3. 培训常态开展

常态开展应急装备培训，保障员工熟悉掌握应急装备使用技能。

4. 仓储线上共享

不断规范备品备件管理，强化备品备件库标准化、信息化建设，借助智能仓储管理系统，建立健全备品备件库台账清册及完整的进、出库记录，梳理完善备品备件清单，保证物资“找得到、调得准、送得快”。

5. 资料双线备份

图纸资料电子化。建立信息化资料管理系统，按照所有资料电子化的原则，开展线上、线下系统图纸资料数据维护，根据设备新增或变更及时更新。建立三措、方案线上审批机制，对审批后的检修方案及措施进行归档保存，确保随时调阅、随时引用，有力地保障了突发事件处置效率。

三、工作成效

（一）健全梯次化应急队伍，应急响应快速高效

通过应急准军事建设与实践，国网宁夏电力运维检修人员突发事件处置能力、电网运维检修能力和水平大幅提升，2021 年，国网宁夏电力 110kV 及以上输电线路故障率较 2020 年同比压降 61.8%，首次实现 330kV 及以上电压等级主网线路全年零故障。

应急实战

- 电网故障平均抢修时间从 **240**min 降低至 **70**min

实践案例

2021 年 3 月 13 日 11:50，固原市红庄林场二林沟附近由于当地居民上坟引发山林大火，着火地点距公司跨区 750kV 某线 8km。下午 14 时，该区段线路护线员第一时间发现火情，报火警，并向线路负责人汇报。15 时开始由于火势凶猛且现场风向突变，山火向公司跨区 750kV 某线蔓延，一旦因山火原因导致跳闸，将造成宁夏电网震荡，增加部分电网运行风险。现场人员发现火情有向线路蔓延的趋势后，第一时间向公司汇报，公司对此高度重视，紧急启动《森林草原火灾事件应急预案》，就输电线路避险、应急供电保障等相关工作进行安排部署，根据火情设置监测点 4 处，在线路附近蹲守巡防，实时监控火情，评估线路受影响程度，根据火情发展动态调整监控点位置确保更准确掌握火情蔓延趋势。现场负责人每隔 30min 向公司隐患排查群做最新的火势蔓延情况汇报，次日 8:10 官方声明现场明火全部扑灭后，公司组织多个排查小组对 750kV 某区段进行定巡和无人机巡查工作，确保线路通道 5km 范围内没有明显的着火点。

◉（二）平战结合常态化演练，应急能力大幅提升

输电专业通过开展专项应急演练，进一步提升了安全防范意识和应急处置能力。同时，通过单兵应急“4力1性”综合能力建设，完善“ABC+N”四角应急保障梯队，有效缓解人员紧张矛盾，避免了一线作业人员紧缺可能引发的电网安全风险，电网运检提质增效。同时，通过应急准军事建设，配置了自主巡检无人机、缺陷智能识别处理工作站、激光清障仪等硬件设备，研发零值检测机器人、外挂载憎水性试验无人机、“无人机航母”等设备，储备了复合绝缘子、瓷瓶、备份线夹、各类金具材料、应急抢修塔等，输电应急装备水平得到全面升级。

应急演练

2021 年

- 输电专业共开展专项应急演练 **9** 次，参加演练人数达 **530** 人次。

◉（三）突击双盲式演练，指挥能力大幅提升

通过开展“突击式”“双盲式”线路故障联合应急演练，即全程无脚本、不提前通知、不提前下发演练方案，随机出题、临时应答，模拟恶劣天气下线路故障、紧急停电情况下抢修人员的真实反应和处置故障的速度，进一步提升了应急保障人员对电网突发故障的处置能力，同时也练就了实战化指挥能力。